普天之下・盡是好書

普天出版家族
Popular Press Family

淩雲 A-Plus Creative Company 文創

Be Human
by Wisdom

Thick Black Theory is a philosophical treatise written by Li Zongwu, a disgruntled politician and scholar born at the end of Qing dynasty. It was published in China in 1911, the year of the Xinhai revolution, when the Qing dynasty was overthrown.

Be Human
by Wisdom

做人多用心

你應該具備的爲人處世潛智慧

做事更順心

英國作家肯尼斯・格雷厄姆曾說：

「如果你能從別人的角度多想想，你就不難找到妥善處理問題的方法。」

確實，現實生活中，有些讓我們覺得困難重重的問題，癥結往往出在不懂得爲人處世的潛智慧。

當你遇到棘手的事情，不妨先用別人的角度觀看問題，只要你能站在對方的立場衡量利弊得失，那麼就能想出更睿智的辦法，讓難題迎刃而解。

Thick Black Theory is a philosophical treatise written by Li Zongwu, a disgruntled politician and scholar born at the end of Qing dynasty. It was published in China in 1911, the year of the Xinhai revolution, when the Qing dynasty was overthrown.

左逢

·出版序·

懂得做人的道理，做事會才更加順利

唯有先學會做人的道理，行事才會更加順利，如果不懂得圓融做人的道理，做事就難免遭遇阻礙，無法輕鬆達成自己的目的。

英國作家肯尼斯·格雷厄姆曾說：「如果你能從別人的角度多想想，你就不難找到妥善處理問題的方法。」

確實，現實生活中，有些讓我們覺得困難重重的問題，癥結往往出在不懂得爲人處世的潛智慧。

當你遇到棘手的事情，不妨先用別人的角度觀看問題，只要你能站在對方的立場衡量利弊得失，那麼就能想出更睿智的辦法，讓難題迎刃而解。

日本文學家夏目漱石曾說：「人不可能孤立地生活，為了做到某些事情，必須與他人接觸。」

知名哲學家洛克也曾表示：「人不宜單獨生存，有必要憑藉理智與言語，加入社會群體，維繫生活。」

這兩句話，彰顯了打好「人際關係」的重要。

確實如此，人是最懂得相互利用的動物，無論是爲了什麼需求或達成什麼目標，唯有先學會做人的道理，行事才會更加順利，如果不懂得圓融做人的道理，做事就難免遭遇阻礙，無法輕鬆達成自己的目的。

人生過程中，有很多我們讓我們傷透腦筋的難題，往往都在懂得「做人」之後，困難就迎刃而解，因爲，那些看似難以解決的問題，障礙通常不是出在問題本身，而是出在製造問題的人身上。

活在世上，不管做人或做事，難免要遭遇許許多多「人性習題」。很多時候，成功者並非比失敗者有才能，只不過他們面對「人性習題」時，比失敗者多了幾分圓融與圓滑。

將這個道理印證在職場，情形更是明顯，即便處在同一個工作環境，有人能夠左右逢源、平步青雲，有人卻偏偏左支右絀、鬱鬱不得志。

究竟是什麼因素，導致如此巨大的差異？

說穿了，就在於人際關係是否圓融，能不能在日益重視團隊合作的職場中，與同事和上司、下屬們友好相處，奠定穩固的人際關係。

千萬別輕忽了人際關係的重要，別以爲只要悶著頭把分內的事情完成就好。要知道，在互動頻繁且情勢變化快速的職場，做人做事的技巧實際上就像一把雙面刃，掌握得好，不愁做事得不到成效；掌握得不好，則必定難逃腹背受敵，遭人落井下石的下場。

多一點心眼，才會多一分勝算。身爲一個合格的、不被潮流淘汰的現代人，你必須學會有效圓融做人的各項技巧，並確實運用於工作場合，讓身邊的同事、上司或下屬都成爲最好的助力，而非最大的阻力。

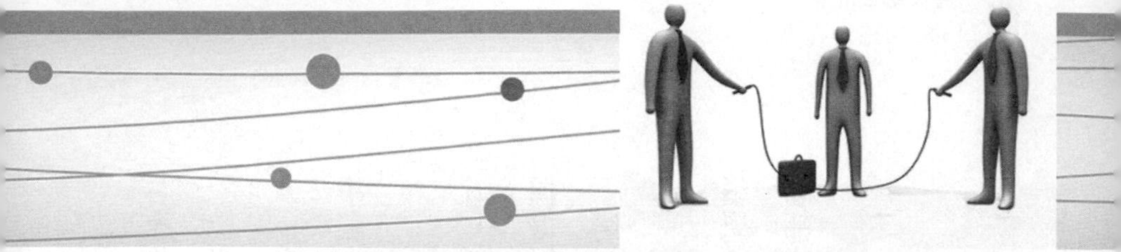

出版序　懂得做人的道理，做事才會更加順利

01. 以柔克剛，才不會兩敗俱傷

以剛克剛，容易落得兩敗俱傷，面對剛烈之人，更應以己之長克其之短，而不是硬碰硬，推向玉石俱焚的危險態勢。

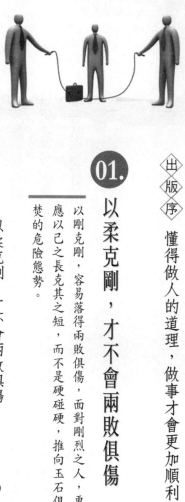

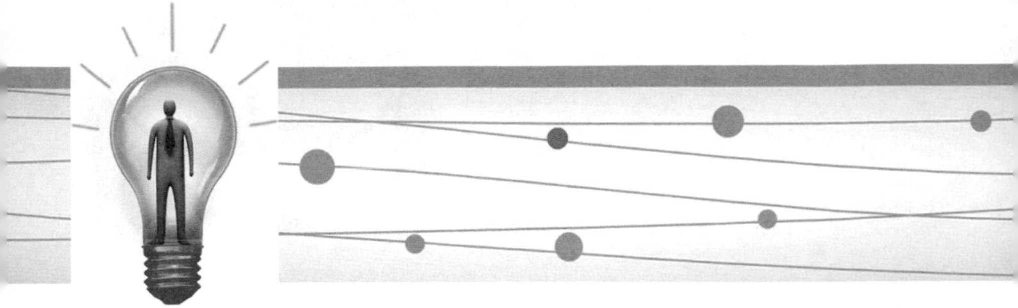

02. 為自己營造聲勢，就能創造優勢

人為即是天意，無論是陳勝、趙匡胤，還是歷史上其他風雲人物，都是靠著自己營造聲勢而領盡一時風騷。

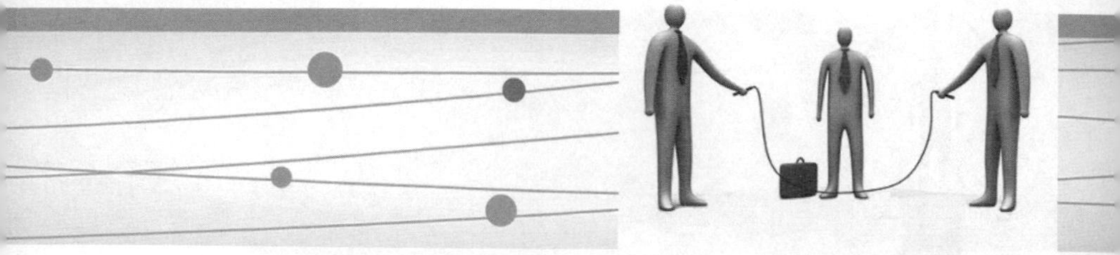

03. 做個聰明的老實人

做人應當誠實正直，不要有害人之心，不過，防人之心也不可無，畢竟人的心思是很難讀懂的，必須提防別人口蜜腹劍的算計。

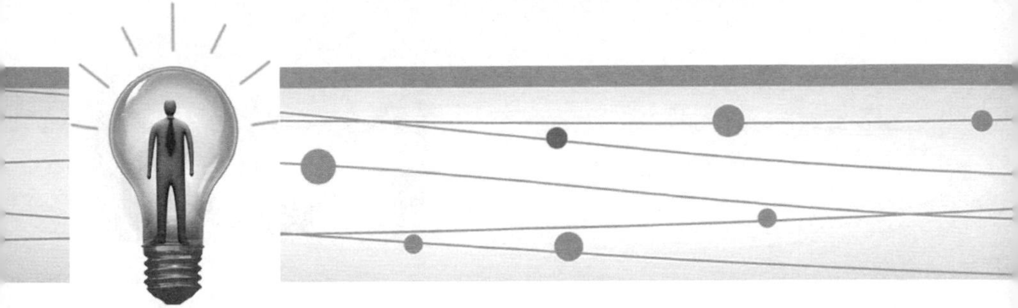

04.

自作聰明，小心惹禍上身

人可以沒有大智慧，但是絕對不要亂耍小聰明，否則就會步上楊修的後塵，為自己招來禍害，死得不明不白。

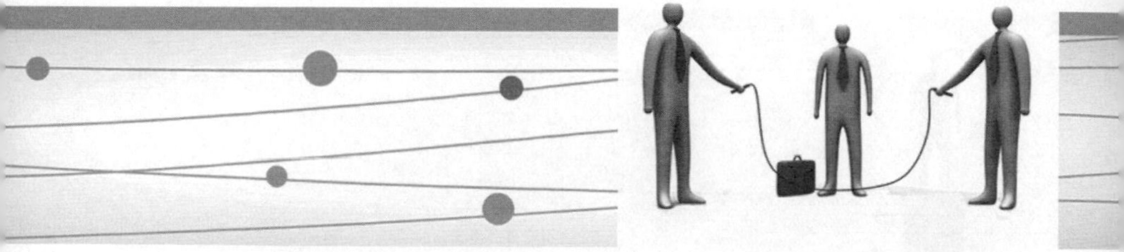

05. 用同理心動搖別人的心

要善於使用情感說服人，別只想透過強硬的理論或證據逼使對方同意自己的觀點，這樣不但無法達到說服的目的，還可能使談判破局。

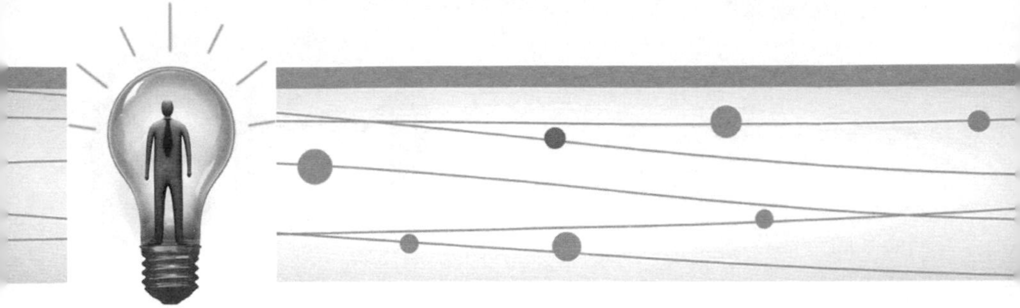

06. 有才華，也要懂得生存的方法

才華橫溢的人容易有恃才傲物、好高騖遠，如果你自認是個才華洋溢的人，就必須更加熟悉職場的生存法則，以免自己落得悲慘的結局。

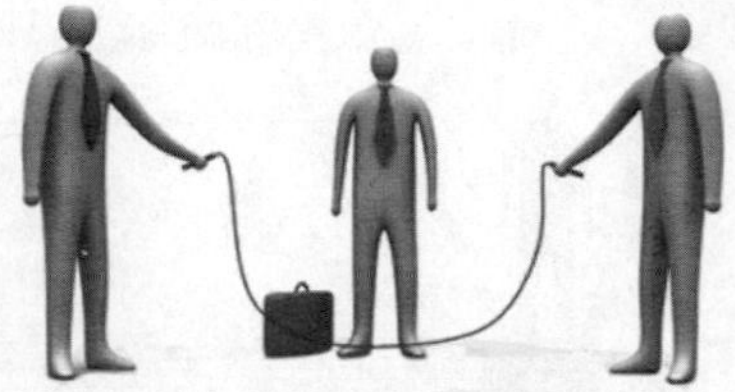

07.

摸清辦公室裡的相處之道

自命清高的人，往往就是辦公室裡惹人討厭的傢伙，由於不懂得應對進退之道，最後終將在劇烈而又爾虞我詐的競爭中失敗。

08. 要當勝利者，不要當受害者

不要輕易透露自己的真實想法，如此一來，你才能打開新局面，不但成為辦公室中的生存者，而且成為最後的勝利者。

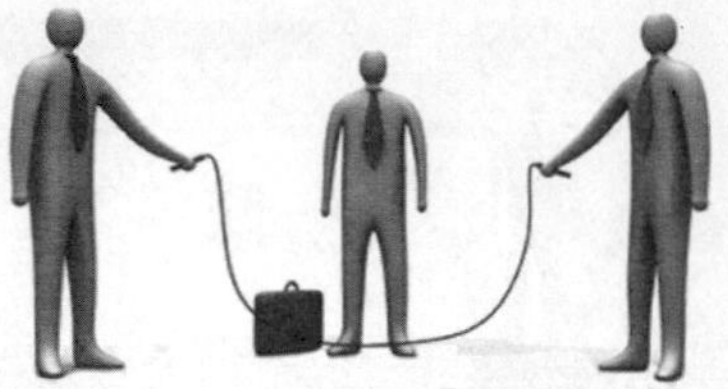

09. 懂得交際，處處充滿機遇

聰明人會抓住每一次機遇，更聰明的人會不斷地創造新機遇。只要你塑造良好的形象，你就會發現身邊處處充滿機遇。

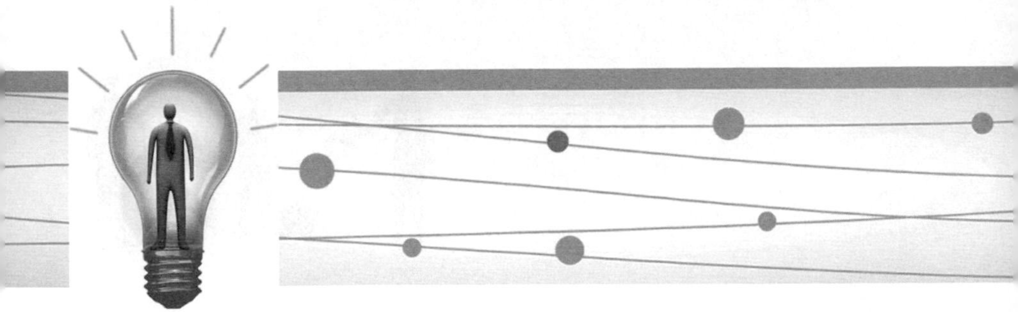

10. 善用「公關」打造良好形象

公關語言除了要優美生動，還必須傾注真摯而充沛的感情。只有心中裝滿誠摯的感情，說出來的話語才可能感動人心。

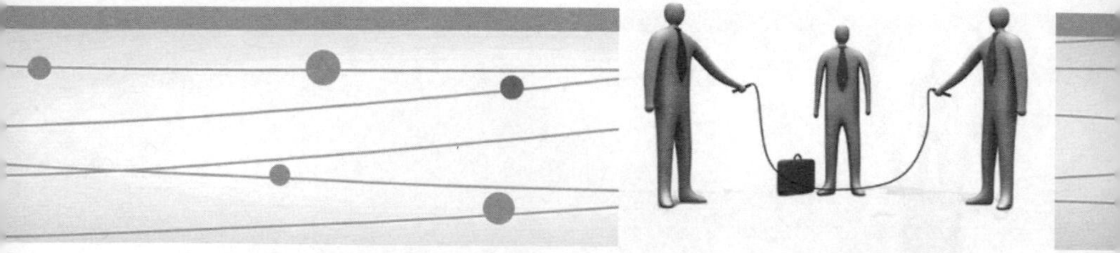

11. 說話的魅力決定交際是否順利

展現良好風度、良好態度，就是展現說話魅力與建立自我形象的保證。要努力做到這些，才能成為一個成功的說話者。

輯 1.

以柔克剛，才不會兩敗俱傷

以剛克剛，容易落得兩敗俱傷，
面對剛烈之人，更應以己之長克其之短，
而不是硬碰硬，推向玉石俱焚的危險態勢。

以柔克剛，才不會兩敗俱傷

以剛克剛，容易落得兩敗俱傷，面對剛烈之人，更應以己之長克其之短，而不是硬碰硬，推向玉石俱焚的危險態勢。

在社交或談判場合中，不需要太多刻意的言行表現，有時候氣定神閒、默默無言，反而會使對方摸不著頭緒，認爲你高深莫測而不敢造次，老子所說的「大辯不言」，正是這個道理。

畢竟，以剛克剛，容易兩敗俱傷；以柔克剛，才是眞正的技高一籌。

三國時代，諸葛亮最爲後人稱道的謀略，正是空城計。

當時，城中只有數百名老弱殘兵，諸葛亮只好施展心理戰術，將城門敞開，然後帶兩名童子在城頭撫琴。司馬懿率領了十萬衆兵殺至城下，猛然看見諸葛亮神情自然，談笑風生。

如此怡然自得的模樣，令生性多疑的司馬懿心中不安，狐疑多時，最後選擇退避三舍，不敢貿貿然進攻。

就這樣，諸葛亮不費一兵一卒，以計謀嚇退了司馬懿的十萬大軍，等到司馬懿察覺上當，已經失去最佳的攻城時機，諸葛亮的援兵業已馳回。如果，當時諸葛亮選擇了硬碰硬，勢必會城破人亡，性命難保。

凡事冷靜處理，只要面對問題時，表現得愈自在愈不在乎，反而容易給人老謀深算的神秘感，爲自己爭取更多時間和空間！

利用人們容易多疑猜忌的特性，來擾亂他人的判斷力，最能達到自己預期目標，因爲表面上，自己看似沒有積極地採取行動，實際上卻使得對方在心理層面具有了一定的約束力。

所謂「四兩撥千斤」，便是一種以柔克剛的原理。

剛烈之人容易被柔和之人征服、利用，所以做人做事應當善於以柔克剛，就像一塊巨石，如果落在一堆棉花上，便會被棉花輕輕鬆鬆地包覆在裡面。

在剛強與柔軟之間，多數人仍然是吃軟不吃硬的。

所以，以剛克剛，容易落得兩敗俱傷，以柔克剛，則較容易馬到成功。

換個角度，面對剛烈之人，更應以己之長克其之短，而不是硬碰硬，造成雙方同時失去理智，推向玉石俱焚的危險態勢。

厚黑智典

對於有幸進入充滿競爭力公司的人來說，那競爭慘烈的時期卻是最興奮、最值得、最滿足的時光。

——威廉·道菲奈

先摸清對方的喜好，才能對症下藥

想要說服一個人，必須先了解對方的個性或喜好，再以此想出對策，才能達到事半功倍的效果。

日本有句諺語說：「道逢劍客則談劍。」

意思是說，不管是要和別人進行感情交流，或是想說服對方，都必須先摸清對方的習性和偏好，如此才能對症下藥。

一九一四年，國學大師章太炎被袁世凱軟禁在北京的龍泉寺中，氣憤的章太炎便以絕食做爲反抗。

章太炎絕食的消息很快地便傳了出來，他的幾個入門弟子，像是錢玄周、馬夷初、吳承仕……等人，都連忙趕去探望他。

這些弟子們從早上勸到晚上，請他一定要進食，但是，章太炎躺在床上，閉緊了嘴，說什麼都不肯吃。

這時，吳承仕靈機一動，想起了三國時代劉表殺禰衡的故事，便問章太炎說：「先生比起禰衡如何？」

章太炎瞪大眼說：「禰衡怎麼能跟我比？」

吳承仕連忙回答道：「劉表當年想要殺禰衡，但自己不願蒙上殺士之名，就指使黃祖下手。現在，袁世凱比劉表高明多了，他不用勞駕黃祖這樣的角色，就可以讓先生自己殺自己！」

「什麼話！」章太炎一聽，立刻坐了起來。

這群子弟一看這個情況，知道說了中老師的心懷，便趁機拿出了先生愛吃的東西。只見章太炎什麼都沒說，一口氣就把所有東西都吃光了。

故事中性情剛直的章太炎，想以絕食行動對袁世凱表達抗議，經學生舉出歷史典故，並巧妙地點出絕食之舉，是幫袁世凱「殺自己」的行動，這才令他放棄絕食的行爲。

一般人總會以懇求、責罵或是強迫的方式，試圖令對方就範，但這樣做往往只是徒勞無功，甚至會造成反效果。

其實，想要說服一個人，必須先了解對方的個性或喜好，再以此想出對策，才能達到事半功倍的效果。

厚黑智典

不論你是否期待，事情還是會不斷地變化。因為你沒有預想到或是不希望發生，改變才會令你驚慌失措。

——史賓塞．強森

適時把權力分配給下屬

如果你能多給屬下們一些足夠的空間，讓他們充分地展示自己才華和能力，他們反而會更加地尊敬你，更加佩服你的領導氣魄與涵養。

成功的領導者，應該具備以下三項能力：「第一是對大局的判斷和掌握，第二是調整團體的能力，第三是讓部下各盡所能，充分調動、發揮其積極性。」

領導者之所以要把一些瑣碎小事交給其他人去做，是因爲身爲領導人，最需要的工作是制定整體發展的計劃。

然而，有些領導者卻總是以「工作繁忙」而自傲，這在有識者來看，這樣的領導方式，不僅沒有駕馭屬下的才識和能力，也往往是失敗的主因。

英國大出版家諾茲可里夫，生平的事業極多，但是他卻能從容不迫地讓每個事業都蒸蒸日上，而且應付自如，許多朋友對於他這樣的能力，都讚嘆不已。

不過，他卻淡淡地說：「我只是擔任指揮工作，一切機械式的工作都交給那些能勝任的人，我深知要成就事業，最重要的是時時創新的計劃，指揮得法與堅持不懈，至於那些助手能夠處理妥當的工作，我就盡可不親自動手。」

據《清史》記載，康熙年間爆發「三藩之亂」時，據守台灣的鄭經趁機渡過台灣海峽，佔領了泉州、漳州、溫州等地。

這個消息很快地傳到了京城，傳到正領著諸位皇子在暢春園練習射箭的康熙皇帝的耳裡。不過，當時康熙皇卻無動於衷，雖然戰況接踵傳來，連台州也失陷了，皇子和大臣們個個都急如熱鍋上的螞蟻，然而康熙皇帝一心只專注於射箭，並不願多說什麼，直到回宮後，他才開口說話。

康熙對大臣們說：「福建離京城數千里，路途遙遠，消息傳報費時，雖然急著傳令，但是我們也不見得能掌握最新的情況，而且反叛的不僅僅是兵力強大的三藩，同時還有盤踞台灣的鄭經。他們的兵力固然強大，不過，當地的官員也一定盡全力去抵抗。如果他們等不到我的指令，也會明白自己的職責所在，當他們開始全力出擊時，我們再派兵前去支援，效果自然加倍。」

單從這樣統御臣下的領導方式，我們就可以看出康熙高明的治政與謀術。

在現代社會中，領導者必須學會信任，懂得適時將權力分給下屬，才能有效地應付繁雜的工作事務。不要以爲你把自己的權力分給了下屬，下屬就會認爲你的才能低下，對你採取陽奉陰違的態度。相反的，如果你能多給屬下們一些足夠的空間，讓他們充分地展示自己才華和能力，他們反而會更加地尊敬你，更加佩服你的領導氣魄與涵養，也更加無私地爲你拼命工作。

厚黑智典

最艱難的競爭往往不是來自睿智、謹慎的競爭對手，而是來自不顧成本的經營者，這樣的人最後不是躲債落跑，就是宣告破產。

——約翰·洛克斐勒

領導者要有自我反省能力

自我反省後的結論，必須徹底落實，才能發揮鞭策自己的力量，否則，不斷反省又不斷錯，只是流於形式，讓人覺得太虛偽、太肉麻了。

部屬的面子比領導者更爲重要，所以，對待部屬應當採取寬容的態度，允許他們勇於嘗試，並在他們出現失誤之後，設法保全他們的面子，重建他們的自信，這些是身爲領導的人，應當具備的寬容胸襟。

漢武帝建立太平盛世之後，有一段時間沉迷於聲色犬馬，弄得國衰民貧，朝政荒廢無度。曾經大威遠播，後來卻落得如此蕭條衰敗、風雨飄搖的西漢王朝，幸虧因漢武帝劉徹的省悟而以扭轉。

他幾經深刻反省後說：「自我即位以來，行事狂悖，愁苦了百姓，悔猶不及，今後凡傷害百姓、浪費資財的舉動，一律禁絕。」

接著，漢武帝又發佈「罷輪台屯田罪己詔」，自我批責說：「輪台在京師以西一千多里，要到那麼遠的地方去屯田，必然又要擾民，使得人民不能好好地休養生息，我不忍心這麼做。」他宣佈，今後不再對外用兵，提出要「禁苛暴，止擅賦，務本勸勞」，要「思富養民，與民休息」。

漢武帝年少時雄才大略，文治武功鼎盛，晚年又能以極大的勇氣悔過罪己，痛改前非，的確是難能可貴的君主。不過，也有統治者的罪己並不是出自眞心，所提出的改革措施也沒人敢去督察是否存在缺失，據說明朝的崇禎皇帝便是如此。

崇禎皇帝據傳是個很會自我批評的人，也習慣寫所謂的「罪己詔」，並將之公佈於眾，而且一次比一次「深刻」。

然而，關於種種過失，他只是說說而已，根本沒有認眞想過要如何改進。

所以，當李自成大軍逼近京城之際，他再次寫下了最後一道對自己嚴辭切責的詔書之後，便懷揣著它爬上煤山，自縊而亡。兩天以後，人們在其衣袖內發現詔文，上面寫著：「因失江山，無面目見祖宗，不敢終於正寢。」

相較於崇禎走上亡國之路，漢武帝的及時省悟才是我們應該學習的典範吧！

從古自今，人們把皇帝的顏面叫作「龍顏」，現在也有人認爲領導者的面子比普通職員的面子更重要，這種封建時代的想法無疑是錯誤的。

領導者應該能夠以身作則，嚴以律己，才能發揮上行下效的效果，產生團體的凝聚力。偶爾檢討自己的錯誤，下一道對自己痛加切責的「詔書」，其實也能有效地獲得員工的諒解與支持。

但是，這些自我反省後的結論，必須徹底落實，才能發揮鞭策自己的力量，否則，不斷反省又不斷錯，只是流於形式，讓人覺得太虛僞、太肉麻了。

厚黑智典

如果你為失敗經驗所付出的代價，不能使你換得成功和更高的報酬，那麼，你就徹底失敗了。

——格蘭森

收放自如的領導藝術

領導的藝術有如放風箏，看上去是讓風箏自由自在地遨翔，但實際上，風箏的一切全掌握在自己手中，所牽動的那條細細的絲線上。

美國前任總統吉米·卡特，曾意識到自己肩負的責任重大，事事都想親自處理，卻又深感力不從心，經常被國內外要事弄得暈頭轉向，部屬抱怨卡特不肯充分授權，卡特本人也苦不堪言。

多數人民看見政府機器無法順暢運作的情況，便認爲這是領導者無能的表現，於是，他們用選票把吉米·卡特攆了下台。

當卡特準確無誤地意識到國家所面臨的困難，其實我們可說他洞察力敏銳，然而，因爲沒有充足授權部屬分工合作的勇氣，與面對難題的自信，使得人民跟著他一起惶恐不安，讓他為自己埋下了失敗的因果。

另一位演員出身的美國總統雷根，則是把政治當成表演事業而獲得成功。雖然他每次即興演說時，總是會把自己的無知，曝露在複雜的議題上，然而，每當他對所涉及的問題一無所知時，卻能依照白宮幕僚的教導，果斷地處理，並展現其幹練的一面。

這不僅讓美國人民相信他是個優秀的領導者，更因為他的自信態度，讓人民也產生無限的信心。

因此，以風趣幽默、機智果斷著稱的羅納德．雷根總統，不僅獲得了人民的信任，更成為美國近代史上最受歡迎的總統之一。

從卡特和雷根這兩位美國總統的比較中，我們看見了領導者在權力方面「收放」藝術的重要性。

卡特因為將擔憂放得太過，表現出冷靜不足的情況，以致於無法獲得人民的支持；而貌似糊塗的雷根，卻因爲展現充分的自信，深受人民的信任，兩個人不同的領導風格，讓他們有了不同的結果。

其實，領導的藝術有如放風箏，必須收放自如，看上去是讓風箏自由自在地飛在天空，自由遨翔。

實際上，不必擔心它會不受控制，無論它飛多高多遠，終究是掌握在放風箏的人的手中，被那根細細的絲線所操控著。

厚黑智典

我絕不會去嘗試跳過七英呎高的欄杆，我通常會找尋旁邊是否有一英呎高的欄杆，然後跨越過去。

——華倫．巴菲特

靜待時機成熟，就能看見成果

柔性的等待是領導者推動新政應當保持的態度，而不是以責罰來逼迫人們的配合，那樣只會引來反效果，或是更大的阻礙。

以柔克剛的處理方式，是面對惡劣局勢的重要方法，只要保持心性的柔軟，讓自己充滿彈性，我們便會冷靜地等待時機的到來。

春秋末期，鄭國宰相子產在治理國家上，便採用以柔克剛的方法，振興鄭國國力，使鄭國得以在戰亂的局勢中安於一隅。

當時，鄭國是一個小國，國力甚爲薄弱，子產清楚地知道，要在大國林立之中求得生存的空間，增強國家的實力便刻不容緩。

於是，子產提倡振興農業厚植國力，同時徵收新稅，以確保軍費供應的充足。

然而，一開始徵收新稅時，民怨四起，甚至有人揚言要殺死子產，朝中也有不少朝臣站了出來，齊聲表示反對。

對於這些激越的反對聲浪，子產卻一點也不理會，並沒有做過多的解釋，只耐心地等待事情的發展。

他淡淡地說：「以國家利益爲重，必要時每個人都應當犧牲個人利益，服從國家利益。做事應當有始有終，不能虎頭蛇尾，因爲有善始而無善終，必然會一事無成，所以，我必須堅持將這件事完成。」

新稅照常徵收，由於他以稅收振興農業，很快地當農業發展起來，鄭國國力逐漸累積，民眾生活變得更富庶安定，反應也由怨恨轉爲稱讚。

凡事剛開始，原本就會有許多阻礙或未如預期，這些都是自然現象，因爲多數人都有想要維持現狀的慣性心理，不希望規律的生活有任何變動。所以，我們可以看到古今中外的國家，乃至各個企業新政策或新制度一出現，幾乎沒有一項制度會有百分之百的支持率。

在如此情況下，柔性的等待是領導者推動新政應當保持的態度，而不是以責罰來逼迫人們的配合，那樣只會引來反效果，或是更大的阻礙。

優秀的領導者要像子產一樣，採行以柔克剛爲政之道，無論抗議聲多大，反對的聲浪多麼強烈，仍然堅持自己的目標，並靜靜地等到時機成熟的那天，如此自然會看見豐收的果實。

厚黑智典

我們眼前所見的是，全球每一個重要市場的大震盪及達爾文式的競爭淘汰，而失敗的公司或國家是沒有任何的安慰獎。

——傑克．威爾許

保持不亢不卑的應對

只要我們能掌握戰勝困難的關鍵，知道什麼時候會有困難，看得見其中問題，便能採取正面的辦法戰勝它。

不管在哪個年代，喜歡趁機敲詐勒索的人都會有一套堂而皇之的說詞，我們必須找出他們話語中的陷阱，然後緊捉住他們的缺漏，令他們無法自圓其說，如此才是積極的應對之道。此外，如果你身爲部屬，即使面對無法解決的困難，只要道理站得住腳，保持不亢不卑的應對，便沒有人可以爲難你。

有一回，晉楚兩國大戰，晉軍大敗，知罃被俘。當時，知罃的父親荀首率領兵團奮力作戰，射死了楚國大夫連尹襄老，也捉住了受傷的楚公子谷臣。

帶著一死一傷回到晉國之後，晉國預備用他們來換回知罃。

知罃在回晉國前，楚王對他的才能非常清楚，也相信知罃將來定能立下大業，於是，滿面和氣地問他：「你怨恨我嗎？」

知罃回答：「兩國交戰，因爲我沒有才能，才淪爲俘虜，大王沒有把我殺死，願意讓我回晉國，這是大王的恩惠，我怎麼還會怨恨你呢？」

楚王很是滿意，連忙又問知罃：「既然如此，以後你將會感激我的恩德嗎？」

知罃回道：「兩國都是爲了國家利益打算，爲了使百姓安心度日，現在晉楚二國既然和好，也各自後悔當初不應該開戰，雙方互釋戰囚以表達善意，這樣的結果與私人無關，你認爲我該感激誰呢？」

楚王又問：「你這番話我覺得有點不對，你說這是兩國之間大事，但明明是我要讓你回去，你回去之後應該要報答我的恩情吧？」

知罃說：「我對你沒有怨恨，也沒有承受你的恩情，既然無怨無德，我不知道應該怎麼報答。」

楚王苦笑著說：「什麼意思？」

知罃說道：「倘若輪到我帶領軍隊保衛邊疆，碰上楚國的將帥入侵，我會不惜犧牲地去拼殺，沒有二心，以此來盡我身爲人臣的職責。」

楚王從知罃口中得不到什麼答案，卻又無法反駁知罃的每一句話，只好送知罃回去，還嘆口氣說：「晉未可與之爭。」

知罃在與楚王進行對答時，人還在楚王手中，然而，他卻並沒有因此而卑躬屈膝，強顏奉承。面對楚王厚顏無恥的索要人情，知罃以不亢不卑的態度面對，令楚王對他無計可施，確實是位膽識過人的奇才。

其實，人生原本就存在了許多困難，只要我們能掌握戰勝困難的關鍵，知道什麼時候會有困難，看得見其中問題，便能採取正面的辦法戰勝它。

厚黑智典

只要比賽是在我們的球場，用我們的規則、用我們的球、配合我們的水準來進行，我們就會表現得很傑出。

——馬汀．史塔爾

限制越多，部屬越不靈活

領導者規定的事項越多，插手的事務越多，部屬為了生存，在這麼多限制裡，便學會了機謀，學會了算盡機關和陽奉陰違。

老子的「無爲而治」是一門高深的政治哲學，自古以來，一直被第一流的領導者奉爲做人做事的圭臬。縱觀中國歷史，不少出色的政治家都喜歡以「無爲而治」來整治國家，以無爲而爲，由無爲達到有爲。

面對一片原始森林，如果我們不去理睬，它自己就能欣欣向榮，但是，經過人們插手之後，往往是草盛木稀，遭到滅頂之災，古代老子所提倡的「無爲」領導之道，便是要建立這種「順應自然」的思想觀念。

任何事物都有其自然的規律，與其用強迫手段改變規律，不如利用原有的規律，來轉化成爲我們能夠利用的資源。就像水遇熱變成蒸汽，這是無法改變的，然而我們卻可以利用這個規律來產生動力，做人做事的道理也是相同的。

老子的「無爲」，分爲以下三個方面來理解：

首先，應儘量少下命令。

如果，管理者只讓其他人依令行事，勢必會打消他們的積極性、主動性和創造性，也必然會激起他們的反抗心理。

所以，最好的方法是只指出大方向，爾後便交由別人靈活處理。

其次是，對於部屬或其他人，應當儘量避免干涉或介入。

因爲，每個人的工作習慣不同，領導者不應該過度地干預其他人，更沒必要在一旁比手畫腳，如此，非但幫不上忙，萬一沒有處理好，恐怕會幫了倒忙。

重要的是結果，而不是過程。只要能達到期望的結果，不是非得依領導者的方法才可以，因此領導者更應該保持正確的態度，給部屬們一個獨立而自主的空間，反而更能加快事業的成功腳步。

最後一點是，不要用過多的政策加重部屬的負擔。

聰明的領導者並非什麼事都撒手不管，而是要細心地留意部屬們的心理狀態和情緒動向，掌握整體團隊的方向和發展遠景，並在遇到困難時，能在職員面前鎮定自若，增加員工們的信心。政策上忌諱的事情越多，或過度地限制部屬能力的發展，不僅會使部屬越來越怠惰、缺乏效率，還會讓整個組織或團隊越來越混亂。

領導者規定的事項越多，插手的事務越多，部屬爲了生存，在這麼多限制裡，便學會了機謀，學會了算盡機關和陽奉陰違。只有讓部屬自動自發地散發自己的能量，充分發揮創造力和想像力，才能開創出更寬闊的遠景。

厚黑智典

現在的年輕人似乎都沒有什麼遠大的理想。我最希望他們說的是：「我的目標就是把你幹掉，成為公司的董事長。」

——本田宗一郎

保持警戒就不會鬆懈

在事情未見成功之前，不能輕易放棄與鬆懈，畢竟，商場上雙方隨時都有可能交手，保持一定的警戒和實力是絕對有必要的。

在交涉或談判中必須有充分的準備，將對手的資料完整收集，捉準目標，鬆懈敵人的戒心，自然能攻其不備。

日本某公司與美國某公司進行一次技術合作談判，談判開始時，美方首席代表便拿著各種資料，滔滔不絕地發表公司的意見，完全不顧日本公司代表的反應，而日本公司的代表則一言不發，只顧著埋頭做著筆記。

當美方代表講了一兩個小時之後，向日本公司代表徵詢意見時，日本公司代表卻顯得不知所措，重複著「我們不清楚」、「請給我們一些時間，回去準備一下」之類的話，雙方的第一次談判，竟在這樣不明不白的情況下結束。

幾個月之後，雙方又開始第二次談判，美方公司的代表捲土重來，而日本公司則以談判不力爲由而另派代表團，但是一切過程和上次談判一樣，日本人顯得在這次談判中準備不足。

美國公司的老闆大爲惱火，認爲日本人在這個案子上沒有誠意，於是就下了最後通牒，如果第三次談判日本公司仍然如此，那麼兩公司的協定便得取消。

而後，美國公司解散了談判團，封閉所有的技術資料，以逸待勞，等半年之後雙方的最後一次談判。

沒想到，幾天之後，日本公司竟然主動派出龐大的談判團，不請自來，直飛美國要求談判，美國公司在驚愕中倉促上陣，匆忙召集原來的談判團成員進行談判。

這次談判中，日本代表不但掌握了先前談判中美方代表的技術資料，而且詳細說明了相關的資料，最後拿出雙方協定的草樣，要求立即進行雙方公司的合作。

美方代表一下不知所措，因爲自解散之後根本沒有進行過磋商和分析，放鬆戒心的情況下，美國代表陷入了被動挨打的地位，日本代表卻得勢不饒人，硬是要美國人按日本人的設想在協定上簽了字。當協定發生效力時，美國人才發現自己這一方根本就受到了對方的欺騙，雙方獲利不均，但也爲時已晚。

商場上，商人間的攻防兵法和詭詐伎倆一再上演，爲了自身利益，就必須活用各種戰術，即使要裝傻也無妨，因爲一切只許成功不許失敗。

我們從日本人和美國人的交涉過程中可以得知，商戰上既聯合又競爭的對手會如何表現自己，確實很難預料。從中，我們還能得到一個啓發，無論如何，在事情未見成功之前，不能輕易放棄與鬆懈，畢竟，商場上雙方隨時都有可能交手，保持一定的警戒和實力是絕對有必要的。

厚黑智典

現在，每一項競爭都會變成全球戰爭，輸贏都取決於速度及對改變的反應能力等因素。每個人都要因應要求更高、更激烈的競爭要求。

——凱・林歐斯特

輯 2.

為自己營造聲勢，就能創造優勢

人為即是天意，無論是陳勝、趙匡胤，
還是歷史上其他風雲人物，
都是靠著自己營造聲勢而領盡一時風騷。

讓對手摸不清頭緒，就能達成目的

只要能以智取勝，想出借力使力，或讓對方鬆懈心防的方法，很多時候，不需費太多力氣，便能輕鬆達到我們期望的目標。

「聲東擊西，攻其不備」是兩軍交鋒之時，運用得最廣泛的戰術。

這個戰術的要訣在於放出風聲或製造假象，鬆懈對方的戒心，然後在儲蓄實力之後，給毫無防備的對手致命一擊。

唐高宗時，吐蕃在青藏高原崛起，勢力日漸強大，威令西突厥歸附，打算共同吞併吐谷渾。

唐朝干預吐蕃的吞併活動，導致雙方的和親關係破裂，隨後唐朝立即援助西突厥，並任酋長阿史那都支爲左驍衛將軍，要他與吐蕃脫離關係。

然而，阿史那都支表面上臣服唐朝，暗地裡卻仍然與吐蕃聯手，一起侵擾唐朝西境。當時，唐高宗想要發兵征討，吏部侍郎裴行儉對唐高宗說：「吐蕃目前非常強盛，西突厥也已經表示要與我朝修好，我們不便兩面用兵。不如趁著波斯國王去世，我們前去祝賀王子尼涅斯繼位的機會，在經過西突厥時趁機行事，或許可以讓他們不戰而降。」

唐高宗聽了之後，認爲這個方法不錯，遂命裴行儉爲全權使臣，率兵護送波斯王子尼涅斯回波斯繼位。

時值盛夏，裴行儉到達曾經任職過的西州，立即召集西州的豪傑子弟千餘人跟隨，還四處揚言說天氣實在太熱，不想急急遠行，希望等到天涼之後再啓程。

阿史那都支聽說裴行儉要在西州休息，而且要等天涼後才起程，便放下戒心，到處尋玩，消磨這個難熬的酷暑。

事實上，裴行儉並沒有眞的停下來休息，而是秘密召集西州四鎭的酋長，對他們說：「以前我在西州任職時，最喜歡外出打獵，現在我想重遊舊日獵場，不知有誰願意與我同行？」

當地人本以遊獵爲生，一聽到出遊打獵，個個都欣然應聲同行。

於是，裴行儉精選其中的萬餘人馬，編成隊伍，以打獵爲掩飾，暗中加以操練。待時機成熟，他便急令隊伍抄小路向西快速前進，到了阿史那都支的部落附近時，再派遣使者向阿史那都支問候一聲。

當阿史那都支看見唐使突然來到自己的營帳，異常驚慌，後來見使者安詳平和，沒有指斥他與吐蕃暗地勾結，更沒有要討伐的意思，這才放下心來。

由於阿史那都支的軍隊已經完全鬆懈，依當時的狀況，根本無法作戰，因此他決定虛情假意周旋一番，便親率領子弟親信五百餘人前去拜訪裴行儉。

裴行儉表面上表示歡迎，一等阿史那都支等人進入營帳後，伏兵立即從四處湧出，五百餘人被悉數拘禁。

裴行儉兵不血刃地擒獲了西突厥的酋長，輕鬆地將任務完成，隨即凱旋而歸，另派屬下送尼涅斯回波斯。

所謂兵不厭詐，技巧就在於以虛爲實、以實爲虛，讓對手摸不清頭緒，就能達成自己的目的。

裴行儉利用刻意製造出來的假象，讓叛服無常的阿史那都支鬆懈警戒，再捉準時機伺機而動，正是擊破敵方心防的絕佳方法。

以智取勝，是所有兵法中最好的方法，援用至現實生活中，當我們無法直擊對手要害的時候，便要用機智與對方交手。

只要能以智取勝，想出借力使力，或讓對方鬆懈心防的方法，很多時候，不需費太多力氣，便能輕鬆達到我們期望的目標。

厚黑智典

如果你希望利用別人的知識來獲得資訊及增長見識，但同時你又堅持自己的想法，可能會使你對你的錯誤不以為意。——富蘭克林

為自己營造聲勢，就能創造優勢

人為即是天意，無論是陳勝、趙匡胤，還是歷史上其他風雲人物，都是靠著自己營造聲勢而領盡一時風騷。

與其等待命中注定的天意，不如創造有利於己的情勢。

陳勝、吳廣押解人犯至邊境，結果因爲誤期可能被處斬，他們想，反正是死路一條，便計劃舉兵起義，然而對於秦王嬴政的餘威，他們仍然頗爲震懾。

兩個人想了又想，便想出了一個計謀，在夜裡躲在營地周圍，然後學狐狸的鳴叫聲，再大聲喊叫：「大楚興，陳勝王。」

從此，陳勝開始引人注目，經常有人指著他的背影低聲耳語。接著，他們又將一小條書簡塞進魚肚，上面寫著「陳勝理應順天意而爲王」等字，並偷偷混在市集的魚貨中，讓廚師買回去。

當廚師剖開魚腹時，便發現裡面的書簡，眾人大驚，他們將之前的夜半之聲兩相聯繫，個個都驚訝不已，讓陳勝的號召力立即暴增。

後來，陳勝和吳廣揭竿而起，振臂高呼：「王侯將相，寧有種乎？」民眾紛紛響應之下，開啓了中國史上第一樁農民起義。

相似的謀略，也發生在五代末年，趙匡胤發動了陳橋兵變，黃袍披身，讓部屬們擁立他為皇帝。當時，趙匡胤還裝模作樣推讓一番，不肯答應，最後才在眾將的「懇求」下勉強答應，做了皇帝。

坐上皇位的趙匡胤並沒有高枕無憂，整日尋思著如何能讓皇位穩固，有一天，當他和大臣石守信等人飲酒作樂時，意有所指地說：「以前不做皇帝時不開心，現在做了皇帝更不開心。」

石守信詢問何故，趙匡胤嘆氣道：「如果有一天，也有人把黃袍披在你們身上，擁立你們做皇帝，你們是答應還是不答應呢？我看不如這樣子吧，我多賜給你們一些良田美女，讓你們安穩地回家享受吧！」

石守信等人都是聰明人，一點就透，知道腦袋比官位更值錢，便謝過皇上，第二天上朝後，便辭官告老回鄉，安享餘生了，其餘那些曾隨著趙匡胤打下天下的重臣見狀，也紛紛辭官退休。

趙匡胤雖然少了這些開國功勳的輔佐，卻因此化解了權臣奪位的危險。

人爲即是天意，畢竟眞正能改變自己未來命運的人，還是自己。

無論是陳勝、趙匡胤，還是歷史上其他風雲人物，都是靠著自己營造聲勢而領盡一時風騷。這些例子都告訴我們，機會就在我們的手中，我們都可以爲自己創造一個「天賜奇蹟」。

厚黑智典

如果我懷疑有人稍微有點不老實，我便會調出他的支出報告來看。支出報告就像測謊器一樣，可以檢驗出他是否靠得住。

——馬克·麥考梅克

先培養勇氣，再等待時機

空有時機而沒有深厚的實力，一切終究只是個「零」，在這種情況下強行運作，是不會有任何奇蹟的結果的。

在自己的實力尚未充足之前，若急著想要冒出頭，反而容易導致反效果。

西漢末年的王莽本是漢室外戚，受封為新都侯，後來又出任大司馬掌理朝政，榮華富貴享用不盡，卻仍然老想嚐一嚐當皇帝的滋味。

於是，他挖空心思，爲這場皇帝夢進行周密的準備。

爲了能取信於民，獲得衆人的支援，他開始包裝自己，成爲一個禮賢下士的好宰相，並且塑造愛民如子、秉公執法形象，還帶頭倡導簡樸生活，當兒子犯法時，也沒有枉法徇私，而是大義滅親。

種種舉動，果然讓許多人都相信，他是一個清正廉潔、愛民如子的好官，對他也產生了許多好感。

接著，他又玩起裝神弄鬼的把戲，命人在一塊石板上刻上「漢家江山應由王莽接任」等字，並讓人們發現其中字樣。

消息傳開之後，王莽還故意裝作無辜，上朝請罪，並發下重誓，說自己絕對無意奪取漢室江山，這個風波輕鬆過去之後，讓人們對王莽更加看重。

那麼，奪權篡位的時候到底成熟了嗎？

經過了很長時間，王莽以爲時機已到，便弒君篡位、改朝稱帝，沒想到此舉，讓人民對他頓生反感，無論他先前做了多少「好事」，花了多少功夫包裝，人民仍然紛紛起身聲討。

加上王莽推行新政，法令繁苛，把國家治理得亂七八糟，弄得民不聊生、盜賊蜂起，這讓王莽更如過街老鼠，人人喊打，各地的反對勢力也逐漸聚集。

皇帝做得提心吊膽的他，終日寢食難安，不久內憂外困一併襲來，結果他只當了十幾年毀譽參半的皇帝，便匆匆走下歷史舞台了。

空有時機而沒有深厚的實力，一切終究只是個「零」，在這種情況下強行運作，是不會有任何奇蹟的結果的，就像滿腦子幻想卻又眼高手低的王莽一樣。

沒有人有永遠的運氣，更沒有人可以只靠包裝便能獲得成功。實力是根，包裝只是外在的枝葉，當暴風雨來襲，枝葉總是受不了風吹雨打而斷裂折損，如果樹根紮實，那麼大樹還能繼續成長，終有一天會重現繁茂。

然而，若是根沒有紮深，大風一吹便連根拔起，再美麗茂密的枝葉又有何用？

厚黑智典

成功的動力是對一切抱持成功的希望，在這個充滿競爭精神的社會，你會想去艱難的地方，跟競爭者短兵相接。——理查·胡伯

不要被私慾薰昏了頭

生活上不要有太多的刻意強求，因為任何刻意的強求，都會有一些必然的犧牲，而那些犧牲的反作用力隨時都會傷及自己。

身爲領導者，如果只爲了鑽營自己的利益，而不顧衆人的想法，就會弄得天怒人怨，使部屬紛紛背叛。

清朝末年，革命黨人在各地起義，要推翻封建王朝的專制統治，建立民主共和國，清政府爲了獲得苟延殘喘的機會，便想到了重新起用袁世凱。

之前，由於袁世凱兵權太大，權傾朝野，滿清統治者認爲這樣會危及自己的統治基礎，便把袁世凱罷官，讓他解甲歸田。

當袁世凱收到通知，一方面告稱自己腳疾加重，不方便行走，拖延入京覲見的日子，另一面又派人秘密聯絡手握重兵的門生，要他們按兵不動，任革命黨人的勢力自由發展，不要加以阻攔。

而後，他又上書說這種局面自己難以解決，需要更多的軍隊與權力才能剿平亂黨，藉此刁難清政府。清朝統治者早被四處湧竄的革命軍搞得焦頭爛額，好不容易找到救兵，也只能對他的要求言聽計從。

袁世凱這才從老家出發，先上京城接受官職，而後直赴前線，命令自己的幾個親信率領軍隊嚴陣以待。他自己則對革命黨人威逼利誘，並許下種種諾言，說自己可以說服清朝皇帝退位，實現民主體制。

革命黨人起義的目的無非就是要推翻專制統治，如今見手握軍政大權的袁世凱願意協助，自然喜出望外，便答應如果他能讓清朝皇帝退位，實行民主制度，那麼中華民國的大總統就讓他來做。

與革命軍達成協定的袁世凱內心一陣竊喜，急忙回京逼迫末代皇帝溥儀讓出帝位，事後革命黨人也履行諾言，把總統之位拱手送給了袁世凱。

問題是，當上總統的袁世凱掌握了權力，並不因此而滿足，爲了當上皇帝，他慫恿屬下擁立，結果弄得天怒人怨，許多部下紛紛背叛，他也只做了六十三天的皇帝便遭到革命軍討伐，走到了窮途末路。

當袁世凱滿腦子皇帝夢，只看得見權力與慾望時，必然看不見漸漸近身的危險，更看不見即將遠去的機運。

生活上不要有太多的刻意強求，因爲任何刻意的強求，都會有一些必然的犧牲，而那些犧牲的反作用力隨時都會傷及自己。

凡事知足，適可而止，不要讓私慾佔滿，因爲再多的機會也會成爲一陣雲煙，風一吹便要消失。

厚黑智典

依據道德原則選擇「對」與「錯」，是相當容易的事。但是現實狀況常要求我們在既不是全「對」，也不是全「錯」的兩者之間做抉擇。

——普勒斯頓·湯利

創造情勢，就能扭轉劣勢

懂得創造情勢能逆轉當前的劣勢，不但讓本身實力陡增，同時也讓對手變弱，這是在激烈的競爭中勝出的技巧之一。

三國時，蜀吳兩國達成協議，準備聯手抗曹，孔明到江東幫忙佈陣應戰。周瑜嫉妒孔明才識過人，故意要他三天之內造出三十萬枝雕翎箭，誤期則按軍令斬首，打算趁機除去心頭大患，誰知孔明卻胸有成竹地滿口答應。

就在第三日凌晨，孔明經由魯肅協助，在小船上紮起草人，趁著夜晚的霧氣划向對岸曹營，並令兵卒擂鼓助威。

曹兵眼見許多船隻臨近，船上人影幢幢，疑心敵人來攻，卻又礙於大霧出擊不便，只得站在岸上萬箭齊發，阻敵軍來勢。

到了清晨，霧氣散去，草人上滿佈雕翎箭，諸葛亮這才命人調轉船頭，回歸大營，成功地交卸了責任。

如果要用傳統的方式製造這三十萬枝箭，不要說是三天，就是二十天也造不完。諸葛亮也明白這一點，所以他藉霧氣掩護，擂鼓吹號，佯裝進攻，讓曹軍以爲吳蜀聯軍發動夜襲而墜入他的圈套，更讓他輕鬆「製造」了三十萬枝箭。

戰國末期，秦國想一統天下，當時最有實力與秦國抗衡的就是趙國，秦國決定要派大軍進攻趙國，趙王大爲驚慌，緊急派遣老將廉頗率兵抵敵。

老將廉頗經驗豐富，針對敵我虛實，採用消耗戰，不與秦軍作正面對抗，慢慢消磨秦軍銳氣。

秦軍雖然來勢洶洶，無奈勞軍襲遠，後繼無力，又碰上趙國軍隊頑強抵抗，毫無戰勝良策，只好到趙國散播謠言說：「秦軍根本不怕廉頗，只怕趙括掛帥出征，趙括才是趙國最好的統帥。」

沒想到趙王輕信流言，不顧趙母的再三勸阻，撤回廉頗，改派只會紙上談兵的趙括前去督師禦敵。

毫無用兵經驗的趙括貿然出擊，導致趙軍在長平一戰慘敗，四十萬士兵被坑殺，自己也身首異處。

從上述兩個例子可以得知，懂得創造情勢能逆轉當前的劣勢，不但讓本身實力陡增，同時也讓對手變弱，這是在激烈的競爭中勝出的技巧之一，熟知如何運用訣竅，自然能使自己前程一片坦途。

厚黑智典

不管是個人或國家追求商業上的功成名就，只有同時發展出標準的行為準則：榮譽、勇氣，這才是件好事。

——羅斯福總統

給自己一個無限發展的空間

凡事不能默守成規，也不要只用一條法則來行走，每個人都有無限的競爭空間，沒有人能設定你我的界限，一切都是自己侷限。

不管做任何事情都要抓住稍縱即逝的機會，利用所有的時間和空間達成自己的目標，一旦機會喪失，時間一錯過，競爭對手一一湧現，便什麼事情都很難成功了。

可口可樂的成功範例，可說是經營事業和做人做事的最佳典範。

可口可樂公司自創業以來長盛不衰，銷售的可樂占全世界飲料消費量的百分之四十七，是百事可樂公司銷售量的兩倍多。

第二次世界大戰期間，可口可樂公司隨著美國軍隊進入了歐洲和日本，然而美軍撤退後，可口可樂公司卻在當地建立起自己的灘頭堡。

海外銷售的智囊團，以廣告、包裝等猛烈攻勢來拉攏全世界的消費者，根據估計，可口可樂公司有百分八十的營業收入，是來自世界各地的銷售成果。

當百事可樂公司開始與飯店和速食業接觸時，可口可樂已經將業務發展到一百六十多個國家。許多競爭者面對此種情況，都不得不承認，在利用潛在的市場發展能力方面，可口可樂公司比其他任何公司都處於更有利的地位。

可口可樂公司在國外駕輕就熟地運用廣告行銷的謀略，爲了表現公司產品及影響力無處不在，除了推廣成爲各項運動會上的指定飲料之外，在西班牙鬥牛、澳洲的駱駝大賽或紐西蘭的剪羊毛比賽場中，都能看見它的紅白標誌。

可口可樂公司的經營宗旨是：「絕不能因爲利益微薄而不做！」無論獲利多麼微少，他們都以兢兢業業的態度經營，對零售業務也特別重視。

在世界各地，可口可樂公司出版商業雜誌，爲夫妻加盟店主舉辦專門講習班，討論如何更有效地經營；爲了適應不同國家、不同年齡層的消費者的口味要求，公司也做出了一些調整。

凡此種種，可口可樂公司廣角的經營理念，不侷限自己的發展空間，甚至願意入境隨俗地改變自己，這些都是許多堅持傳統的商業產品中，所無法做到的，而這也是它的成功之處！

可口可樂的成功訣竅不僅是捉準商機，也強調發展需求。因此，我們可以見到，可口可樂公司成功之後，不只是在口感上有所改變與進步，經營階層更懂得隨著時代潮流的變化，看見消費者的心理需求，穩穩地捉住消費者的心，這些才是他們成功的眞正要訣。

凡事不能默守成規，也不要只用一條法則來行走，每個人都有無限的競爭空間，沒有人能設定你我的界限，一切都是自己侷限。

厚黑智典

如果我們未曾嘗試改變一些事情，我們就會成為自己失敗的幫兇。我們沒有一個人可以逃得了失敗所產生的壓力。

——馬克·麥考梅克

適時冒險是成功的關鍵

創新和冒險是經營者成功的秘訣，運用得當能使自己受益無限，運用不當或不敢用，只會使自己故步自封。

美國企業界的經營哲學中，有一則金玉良言說：「如果你不能戰勝對手，那麼就加入他們其中。」

美國通用汽車公司是世界上首屈一指的汽車生產企業，規模之龐大是許多汽車同業無法比擬的。

一九八四年，通用汽車售出了八百三十萬輛車，銷售總額達八百三十九億美元，獲利四十五億美元。但是，通用公司生產的汽車相當耗油，隨著世界石油危機的加劇，汽油價格不斷上漲，再加上世界汽車競爭日益激烈，以豪華型汽車爲主的通用公司，因爲價格昂貴，在激烈的市場競爭中連連敗北。

到一九九一年，通用公司負債居然達到三十億美元，直到史密斯出任通用公司董事長後，才爲公司帶來扭轉劣勢的新希望。

史密斯經過仔細斟酌之後，決心及時調整策略，採取的第一個動作，就是迅速地「加入到他們中間去」。

經過談判，通用汽車公司與日本豐田公司簽訂協定，在加利福尼亞的分廠生產二十五萬輛「豐田」設計的轎車，然後以通用汽車旗下的「雪佛蘭」品牌在美國市場出售，所得利益由雙方均分。

豐田公司見大名鼎鼎的通用公司甘願拜倒自己腳下，自然萬分高興，然而，就在此時，通用汽車公司則暗地裡籌建自己的輕型車製造公司——農神公司。

爲了防止自己的傳統市場與「農神」未來的市場被日本汽車搶佔，通用汽車在「農神」正式上市之前便進行了試銷。

他們抓住時機，投資幾十億美元，籌建農神公司，當時他們採用了新穎的自動化設備，專門生產輕巧外型，耗油量小的小轎車，質量和價格與日本產品相差無幾，經過幾年努力，通用公司終於又在美國汽車市場中站穩了腳步。

通用公司充分利用暫時合作的策略，爲自己贏得了時間，更贏得了市場。

做生意和寫小說基本很相似，有好的構思是一篇小說成功的關鍵，做生意則要有好的策略，才能使自己的生意只賺不賠。

創新和冒險是經營者成功的秘訣，運用得當能使自己受益無限，運用不當或不敢用，只會使自己故步自封，無所發展，甚至被人吞併。

厚黑智典

許多先聖先哲教我們做人做事必須誠實，但一般來說，誠實不如欺騙能夠圖利。

——柏拉圖

你的看法是成見，還是遠見？

很多時候，我們聽不見別人所說的話，總以為自己的看法就是遠見，自己的固執就是專注，而對於自己的失敗，我們也為其下了一個很好的註腳，叫做「時運不濟」。

一九二九年，世界性的經濟危機把阿根廷的經濟推入了谷底，不僅工廠倒閉，工人失業，民生凋敝，就連海上運輸業也難逃一劫。

一家加拿大商人經營的航運公司，爲了平衡收支，準備進行企業瘦身，並且將船隻以百分之一的價格拍賣。

但是，當時人心惶惶，所有人都不看好航運這個產業，儘管該公司船隻的價格一跌再跌，還是無人問津。

正當此時，一位流浪到阿根廷尋找商機的窮小子聽到這個消息，內心雀躍不已，馬上前往洽談這筆生意。

身旁的人知道了這件事，有的譏諷他不識時務，搞不清楚狀況便貿然行事，也有人好心勸阻他，希望他三思而後行，否則等於是把白花花的銀子丟進大海裡。

但是，這個窮小子對於這些嘲笑和勸告充耳不聞，毅然決然的四處籌措資金，買下所有的船隻。

沒想到在經濟危機過後，景氣逐漸復甦，海運業也再度振興，這名窮小子只花了小小的成本，便賺進了源源不絕的財富，一躍而成爲新一代的海上霸主。

他正是後來聞名於世的希臘船王——歐納西斯。

歐納西斯爲什能夠取得這樣的非凡成就？

答案當然在於他的遠見及專注。

很多時候，我們聽不見別人所說的話，總以爲自己的看法就是遠見，以爲自己的固執就是專注，而且對於自己的失敗，我們也爲其下了一個很好的註腳，叫做「時運不濟」。

然而，所謂的遠見並不是靈機一動的想法，它背後還包含了許多資料的蒐集分析，並且還要比當下所有人研究得更加透徹，分析得更加準確，如此才有資格走在別人的前頭。

所謂的專注也不是力排眾議，試圖孤注一擲，而是堅持自己的信念，勇往直前。唯有考量了成功與失敗的利弊得失，然後你才能將得失置諸腦後，專心迎向前方，徹底實踐你的遠見。

厚黑智典

我們往往更多地為自己所放棄的事而感到後悔，而不是為自己所選擇的事而感到慶幸。

——J．魯

用自信爭取你應得的權利

知道自己的價值在那裡，你就可以堅持自己的「交易價格」，只要你有信心保證品質，你就絕對有權利爭取屬於自己應得的價值。

人生最艱難的事，並非是如何「做人」，也不是如何「做事」，而是同時具備做人做事的厚黑謀略。

不管做人或做事，都必須要有爲自己爭得權利的堅定信心和行動。

波姬絲是一家電視台的新聞主播，她在這家電視台做了五年多，她的新聞節目被評爲當地的第一流節目，可是五年下來，她卻沒有獲得應有的報酬。

後來，當她與電視台重簽合約、談判時，電視台經理向她暗示，續簽合約是在照顧她，她應該感到幸運。

然而，她很清楚地聽出了經理話中的弦外之音：「妳隨時都可能被取代，不應該咄咄逼人。」

當她要求修改合約時，電視台經理大發雷霆，但是，她強烈地相信自己的價值，所以不願讓步。

這段時間，新聞部主任經常把她叫到辦公室裡，並對她的工作大聲指責，而且每次訓斥結束後，都會說：「把這個合約簽了吧！」

四個月過去了，波姬絲仍然毫不動搖，最後，電視台經理無計可施，不得不同意波姬絲提出的要求。

然而，就在她簽訂合約之前，她把合約拿去徵詢一位律師的意見，律師建議她最好在措辭上做幾處小小的改動。當她回到電台，告知他們此事時，他們暴跳如雷，對著她咆哮著說，他們的耐性已經到了極點。

即使這樣，波姬絲也絲毫不讓步。

最終，電視台只好根據雙方都能接受的意見，對合約的措辭上進行修改，簽訂了一項為期三年的合約。

對於這件事的過程，波姬絲說說：「如今，他們知道我是一個什麼樣的人，我說到做到，和我在一塊工作過的人都對我說，我應該要求比我眞正想要的更多。不過，我不會那樣，我要求他們給我提供必要的條件，而不想奢求其他錦上添花的條件，我只要求我應得的。」

知道自己的價値在那裡，你就可以堅持自己的「交易價格」，只要你有信心保證品質，你就絕對有權利爭取屬於自己應得的價値，就像波姬絲一樣。

厚黑智典

真相往往是一顆難以下嚥的苦藥，但是，無論如何，我們不能讓幻想像野草似的繼續生長。

——茨威格

輯 3.

做個聰明的老實人

做人應當誠實正直，不要有害人之心，
不過，防人之心也不可無，
畢竟人的心思是很難讀懂的，
必須提防別人口蜜腹劍的算計。

做個聰明的老實人

做人應當誠實正直，不要有害人之心，不過，防人之心也不可無，畢竟人的心思是很難讀懂的，必須提防別人口蜜腹劍的算計。

法國大文豪大仲馬曾經這麼說：「上帝限制了人的成功力量，但卻給了人算計別人的心機。」

正因爲如此，一個精明的人，若想在做人或做事之時不遭人算計，就不能盲目信任別人，因爲，你以爲的那些好人，不一定就是好人！有時候，外表和善的人，其實才是最奸詐狡猾的。

古人一再提醒我們：「防人之心不可無」，強調與人合作或共謀時，在尚未熟悉對方的確實情況之前，千萬要小心謹慎，不要讓自己過度地暴露個人心思，這樣才不會被有心人利用，讓自己陷入危機之中。

總而言之，就是要設法做個聰明的老實人。

唐高宗死後，武則天開始垂簾聽政。爲了順利得到天下，並壓制宗室大臣的不服與反抗，在東門設立「銅匭」，下令如果發現任何圖謀不軌的情況，都可以用密函的方式，將信件扔進銅匭，只要密報經查證後確實無誤，告密者便可以得到封官晉祿的獎勵。

當時有個胡人李元禮，便是因告密成功，獲得了游擊將軍的官銜。其他像是尙書都事周興、來俊臣等人，見狀也紛紛效法，競相羅織他人的罪名，讓自己的官運扶搖直上。

在這些人當中，以周興最爲機敏狡詐，當時他豢養了一批專門告密的地痞流氓，每當他想陷害某人時，便會命令這些流氓前來告密，然後弄假成眞。

周興還挖空心思製造了一系列令人不寒而慄的刑具逼供，還將這些刑罰取了一些好聽的名目，如定百脈、突地吼、鳳凰曬翅、仙人獻果、玉女登梯……等等。

受審的嫌犯一看到這些「別出心裁」的刑具，早就被嚇得魂飛魄散，無不寧願立即招供，以免受罪煎熬。

然而，風水輪流轉，這天周興居然被人告密了，說他串通其他人試圖謀反，蓄意奪權，武則天對此事甚爲重視，立即指派來俊臣審理此案。

曾與狼狽爲奸的來俊臣深知，周興是憑著告密用刑起家的，想要讓他老實招供並不是件容易的事。於是，他先邀請周興一同飲酒，席間不斷地稱讚周興，鬆懈他的心理防衛，最後向他請教：「周兄，我最近碰到了一個十分狡猾的犯人，各種刑具我都用過了，他就是不肯招供，不知道你願不願意教我幾招？」

已經被來俊臣捧得飄飄然的周興，不知其中有詐，不假思索地對來俊臣說：「老弟，我跟你說，如果你把這個狡猾的囚犯放入一個大甕，然後架在火上烘烤，你想他招或不招？」

來俊臣一聽，樂得拍手稱妙，立即派人搬出來大甕，並架起柴火。

周興一看這陣仗，原來的好氣氛都被弄壞了，不悅地問：「老弟，難道你要在這裡審訊犯人嗎？」

只見來俊臣笑著命人撤去殘席，接著拿出武則天的敕文，板起臉孔對著周興說：「請君入甕吧！」

果然，周興還未置身大甕，便馬上招供。

雖然這是則發生在唐朝的歷史典故，然而，卻是做人做事上常用的厚黑謀略，必須時時以此警惕自己。

做人應當誠實正直，不要有害人之心，不過，防人之心也不可無，畢竟人的心思是很難讀懂的，必須提防別人口蜜腹劍的算計。如果你在得意之時，不小心謹慎，輕易地暴露了自己的實際情況，恐怕會讓自己一直處於失敗之勢！

厚黑智典

世界上到處都進行著各種形式的戰爭，沒辦法，我們就是愛打仗。我們不是防守的一邊，而是進攻搶奪的一邊。——大衛．漢考克

製造玄機就能化解危機

競爭過程中，原本就是要虛實交互運用，讓競爭對手握不住你的實力，從而無法與你進行對抗。

自己的眞實力量，有時需要向對手全部展示，但有時候也要巧妙地掩藏起來。然而，什麼時候該進行「火力展示」，什麼時候又該隱藏實力，則要依當時的實際情況而定，只要運用得當，自然能受益無窮。

孫臏和龐涓都是鬼谷子的學生，後來龐涓先行下山，當上了魏國駙馬，並陷害孫臏受到「臏刑」，導致雙腳殘廢。孫臏脫險之後，先以圍魏救趙之策大挫龐涓的銳氣，然後又在戰場上與龐涓正面決戰。

孫臏技高一籌，鬥智而不鬥力，運用「減灶法」製造假象，在戰場上逐漸減少燃灶的數目，讓龐涓誤以爲孫臏節節敗退，命令手下軍士緊追不捨。

直到兩軍在馬陵道會戰，孫臏依計整合全部兵馬迎頭痛擊，龐涓才知道中計，最後被亂箭射死。

這是戰場上的謀略，所謂知己知彼，百戰百勝，商場之中也是如此。

首先，要對自己有正確的評價，然後瞭解對手的虛實，先適度地隱藏自己的實力，學會製造假象，讓對方錯估情勢，進而爲自己製造絕佳的優勢。

曾經，有家銀行忽然傳出財務不穩的消息。

當時已經接近下班時間，那間銀行馬上被擠兌的人潮擁得水洩不通，此時如果處理不當，銀行很有可能會就此倒閉。

所幸，該銀行的經理鎮定自若，不慌不忙地將庫存的現鈔全部搬了出來，一面延長銀行營業時間，另一面緊急向同行拆借現金。

當趕來擠兌的人，看見現場現金如此充足，不禁相信銀行的實力沒有問題，大都認爲財務不穩的消息應該是個謠言，再加上大排長龍地等待，實在浪費時間，便放心地回家休息，擠兌的人數立即明顯變少了。

另外，一些銀行大戶看見銀行的情形穩定，又想到提領完現金還有被搶的風險，索性相信銀行，省得爲自己增添麻煩，這場擠兌風波就此煙消雲散。

另一個例子是，曾經有某家上市公司，因爲市場派和當權派爭奪經營權，藉著拉攏股權的方式爭奪不休。

在股權開始進行登記之後，市場派四處活動，到處請託送禮，拉攏的股權很快地便超過了當權派。在兩者股權拉長了距離之後，市場派預估其餘小股東不會出席，又見當權派無力拉攏，眼見局勢已定，便自信滿滿地認爲，一切穩操勝算，便對當權派的注意力逐漸鬆懈，甚至開始爲奪權成功大肆慶祝。

未料，當權派早就暗中拉攏其餘的分散股權，努力邀請他們聚餐歡敘，並在登記截止的期限前一刻，帶著小股東全數前往會場，進行登記手續。

這個情況讓市場派頓時傻眼，面對這樣致命的一擊，根本無法招架，在完全沒有掙扎的餘地之下，只能以奪權失敗而告終。

這彷彿就像孫臏與龐涓決戰的現代翻版，說明競爭過程中，原本就是要虛實交互運用，讓競爭對手握不準你的實力，無法與你進行對抗。

這幾則隱藏實力與展示實力的方法，都表現得恰到好處，合理地利用自己的實力，然後稍加隱蔽，沒有讓人窺破其中的玄機，巧妙地扭轉對方的心理，讓成功穩固地站在自己這一邊。

所以，捉準時機，將優點掩飾起來，讓對手鬆懈怠惰，甚至對你毫無防備，掉以輕心，直到遭遇你的正面進攻才驚醒，但卻為時已晚，這也是謀求獲勝的策略中，最常運用的方法之一。

厚黑智典

競爭優勢是指你比其他人有更優越的條件，它是利用來使你比競爭對手更有吸引力、更有效能。

——威廉．萊修

不拘小節，人才才會鞠躬盡瘁

一個成功者的事業版圖，往往是用無數人才的血汗繪製而成。相同的，他們邁向成功的階梯，也經常是用人才鞠躬盡瘁的屍骨堆疊而成。

身爲一個想要有所作爲的領導者，最應該擔憂的是手下無可用之人，盡是一些成事不足、敗事有餘的蠢才。

因此，在舉用人才之際，一定要不拘小節，因爲，領導者除了要積極經營自己的版圖之外，更需要人才的輔佐，群衆的擁護，才能長治久安。

戰國初期的名將吳起爲了入仕，便拜孔子的學生曾參爲師，學習儒家義理，由於吳起勤奮向學，深得曾參的喜愛。

然而，當吳起的母親去世時，他卻不願意按照當時的習俗回家守孝三年，認爲那樣只會白白浪費時光。

這件事讓曾參非常生氣，一氣之下將他趕出師門，從此，吳起便放棄了儒學，轉而學習兵法。

當齊魯之戰爆發，魯國國君雖然想任用吳起，卻因爲他的妻子是齊國人，而有所猶豫，後來吳起的妻子恰巧死了，魯君這才放心派他率軍出征。

這一戰，吳起率領了兵少將弱的魯國軍隊，居然打敗強盛浩大的齊軍，展現了卓越的軍事才能。

雖然他大勝而回，這時卻傳出了一個相當歹毒的謠言，指出吳起爲了當上將軍，竟然不惜殺害妻子。

魯王聽聞傳言之後，並沒有詳加查察，便聽信左右讒言，從此疏遠吳起，而被謠言中傷的吳起深深受挫，也離開了魯國。

不久，他得知魏文侯正在廣募賢才，便立即轉道來到魏國，後來幸運地獲得魏國將領瞿璜賞識，隨即推薦給魏文侯。

然而，魏文侯也擔心吳起徒有才能，卻品德不佳，因爲他也聽說，吳起不願爲母親守喪之事，以及爲了當上將軍，不惜將自己的妻子殺害的傳言。

不過，翟璜卻力勸魏文侯：「想要成就大業，就應當不拘小節，吳起沒有守孝三年，我國也沒有一定要遵守儒家禮教的規定，再者，就算吳起急於建功立業而殺妻，不也正好符合國家的需要？」

後來，魏文侯聽了吳起的軍事見解，馬上驚爲天人，徹底心服口服，任命他爲大將軍，派他出任西河守。

吳起到西河後訓練軍隊，帶領百姓耕種梯田，因爲頗能體恤民情，深得百姓愛戴，沒有幾年工夫，便把西河治理成進可攻、退可守的重要據點。

西元前四〇九年，吳起帶領軍隊渡過黃河，攻克了秦國的臨晉、洛陽、合陽等重要城鎮，更讓企圖大舉入侵中原的秦軍大敗而逃。

一個成功者的事業版圖，往往是用無數人才的血汗繪製而成，相同的，他們邁向成功的階梯，也經常是用人才鞠躬盡瘁的屍骨堆疊而成。這麼說雖然充滿權謀，卻是不爭的事實。

如果，當時魏文侯只注意那些對吳起不利的傳言與缺點，而忽視了他的軍事才能，那麼他的損失恐怕不小吧！

從魏文侯重用吳起這個故事中，我們可以得知，身爲一個優秀的領導人，在選用人才和班底之際，一定要用人唯才，不拘泥世俗的小節，能夠如此，才能爲自己創造成功的高峰。

厚黑智典

很明顯的，由於欺詐性廣告的不斷流傳，使得人們的智力不斷降低，這說明了要征服一個市場，方式不只一種。——彼得．杜拉克

做人千萬不要強出頭

如果刻意地在對方面前，表現自己高人一等，或是炫耀自己的小聰明，反而會自曝在危險之中，甚至讓旁人視為愚蠢的舉動。

許多人在待人接物之時，總是喜歡吹噓自己，試圖把別人比下去。

殊不知，刻意地炫耀你的聰明或才華，只會讓你顯得愚昧，贏得一時的虛榮，卻喪失更遠大的前景。

隋代的薛道衡文才出衆，十三歲就能朗誦《左氏春秋》。

隋文帝時，薛道衡被任命爲內史侍郎，在隋煬帝時，則外放擔任潘州刺史，直至大業五年，才被召回京師任職。

當時，薛道衡寫了一篇《高祖頌》，自己頗感得意，但隋煬帝看完後，不悅地說：「只不過是文辭華麗而已。」

因為，隋煬帝楊廣一向自認文才甚高，認為沒有人能超越自己，所以對薛道衡的文才心存嫉妒。

當時，有位御史大夫見狀，便乘機進讒言：「薛道衡自負擁有才子之名，不把皇上看在眼裡，這根本存有造反之心。」

內心極度不悅的隋煬帝因而聽信讒言，下令將薛道衡處以絞刑。

鋒芒畢露的人時間一久，便會引來旁人的嫉妒，周圍的人因為感到自己的無能，也不願與他合作。

當年，孔子年輕氣盛之時，曾經向老子問學。

老子只對孔子說：「良賈深藏若虛，君子盛德容貌若愚。」

意思是說，善於做生意的商人，總是隱藏寶貨，不會讓人輕易看見，而品德高尚的君子，外貌總是顯得愚笨拙劣。

唐順宗就深明這層道理，即使貴爲太子之時，也儘量小心翼翼地注意自己的言行，以免惹來禍害。

喜歡以天下爲己任的唐順宗，還是太子身份時，便曾對東宮幕僚說：「我要竭盡全力，向父皇進言革除弊政的計劃！」

幕僚王叔文聽了，深以爲不妥，立即向他諫言：「身爲太子，首先應該做的事情是盡孝，你應該多向父皇請安，問候起居冷暖，因爲改革是目前最棘手，也最敏感的問題，如果你過分熱心，有心人就會以爲你企圖以國家改革的名義來招攬人心，萬一讓皇上誤會你想篡位，而對你有所猜忌，對你來說並不件好事，而且更無助於國事改革啊！」

唐順宗聽完這番話後，立刻有所省悟，之後便收斂許多。

這樣的改變，讓他在唐德宗荒淫專制的晚年，沒有招來不測的災禍，也才能成就日後唐朝的順宗改革。

從故事中我們明白，處理人際關係時，我們務必要謹慎小心，不要傷及對方的自尊心，也不要引起別人的猜忌。

如果刻意在對方面前表現自己高人一等，或是炫耀自己的小聰明，反而會自曝在危險之中，甚至讓旁人視爲愚蠢的舉動，輕則讓對方更加自卑，從此拒絕與你來往，重則讓對方想要挫挫你的銳氣，反而讓自己陷入危機。

當然，在這個講求分工合作的現代社會，如果沒辦法讓組織團結，有些工作根本無法完成，因而，做人做事也不必採取消極的態度，只要小心表現，不要處處張揚，表現出令人反感的小聰明，試圖將榮耀獨攬在自己身上，那麼你自然而然能處處化險爲夷。

厚黑智典

那些在炮火下跑進你腦海中的創造性想法，將被安全地保留在那裡，直到永遠永遠。

——托洛茨基

想出更好的致勝方程式

處理棘手事情的時候，別老是直線思考，有時要把問題上下左右思考一番，才會有更好的致勝方程式出現。

做人多一點心機，並不是可恥的事，重點在於如何將心機用在正確的時機。行駛在人性高速公路上，「心機」絕對是讓你避免受重傷的「安全氣囊」。

精於用兵之道的人，往往能從常理之中洞悉對自己最有利的情況，然後採取違反一般人思考邏輯的方法行事，進而出奇制勝。

這就是所謂的「逆向思考」，只不過，很多人自以爲自己在逆向思考，其實只是重新安排自己的偏見。

古希臘的荷馬史詩《伊利亞特》中，記載了一則最著名的特洛伊戰爭，當時聯軍爲了攻破特洛伊城，費盡心機想出一條計策。

兩軍交戰時，聯軍假裝節節敗退，倉皇之中丟下了內藏大批精兵的木馬。特洛伊人眼見敵軍敗走，不禁歡聲雷動，便順理成章地將這個巨大的木馬視爲戰利品，運回城內。

當晚，特洛伊人爲慶祝勝利而狂歡的時候，木馬內暗藏的無數精兵一湧而出，殺得特洛伊人驚慌失措。而在城外守候的聯軍將士們，一發現城內烽火四起，也立即向城內進攻，一舉佔領了特洛伊城，而這正是著名的「木馬屠城計」。

像這類「逆向思考」方法，運用在經商謀略中，同樣能出奇制勝。

美國就有一位名叫麥克的精明商人，很喜歡研究美國有關商業貿易方面的法律，只要他一發現漏洞，便會趁機大撈一筆。

有一次，麥克在法國購買了一萬副女式皮手套，但是按照當時的貿易規定，這批貨物要進口到美國必須繳納高額的關稅，於是，他爲了減少稅額，便開始思考新的進貨方式。

最後，他想出一個讓人意不到的方法，只見他將手套分爲兩批，第一批先運回美國，另外一批則原封不動。

先運回的手套如期抵達，麥克卻故意不去提貨，因爲依海關法律規定，逾期存放的貨物會被充公拍賣，他那批手套自然也難逃此運。

拍賣之日，前去標購手套的商人爲數不少，麥克置身其中，不動聲色。

當負責拍賣的官員打開包裝一看，不禁大叫一聲，原來運來的手套儘管材質精美，但都是左手手套，根本無法在市場上販售。

現場熱絡的氣氛頓時冷卻，最後只剩麥克一人還在場內，於是，麥克便以極低的價格買走了所有的手套。

很快的，麥克又運來第二批手套，這次他把一萬隻右手手套兩兩相配，冒充成一左一右的「正常」手套。

結果，此計成功，海關人員只收了麥克五千副手套的關稅。

如此一來，麥克只用了一半的關稅，外加拍賣左手手套時所花去的一小筆費用，順利地將一萬副手套，運進了美國境內。

「怎樣才是最有利的方法，如何才能出奇制勝獲得成功？」相信這個疑問，必定在許多力求成功的人心中，不斷地思考著，但是，大家都只在既定的思路上來回探索。

其實，處理棘手事情的時候，別老是直線思考，有時要把問題上下左右思考一番，才會有更好的致勝方程式出現。

像故事中的木馬戰略，像是商人麥克的另類方法，凡事只要能轉個彎想，便能找到另類的成功技巧，登上自己等待已久的成功寶座。

厚黑智典

一個想法僅僅是一個出發點而已，一旦你把它詳細說出來，它就已經受到思想的改造了。

——畢卡索

虛心接受別人的建議

想要箝制別人的想法或言論，是行不通的方法。想要封住別人的嘴巴，到頭來只會換來更多不堪入耳的流言和毒語。

法國思想家盧梭曾經寫過一句值得深思的警句：「禽獸根據本能決定取捨，而人類則通過算計來決定取捨。」

人活在世上，不管做人或做事，難免要遭遇許許多多「人性習題」。我們不難發現，成功者並非比失敗者有腦筋，只不過他們面對「人性習題」，取捨之時，比失敗者多了一點心機。

對於別人的批評和議論，我們不必氣沖沖地反駁，應當以虛懷若谷的態度加以接受，允許別人在自己面前發表不同的意見，作爲自己反省檢討的借鏡，這才是正確的爲人處世之道。

春秋戰國時期，齊國有位名叫鄒忌的人臣，由於長得風流瀟灑、氣度不凡，而被譽爲美男子。對此，鄒忌感到相當得意。

鄒忌聽說當時城北也有位美男子，心裡經常想：「不知道誰長得比較俊美？」他的妻子、侍妾和前來拜會的人聽見他的疑惑，個個都說他比較俊美。

後來，鄒忌親自看見了那個美男子，相較之下他卻發現，自己根本不如對方，這才知道，自己受到妻子、侍妻和拜會者的善意欺騙了。

不久，他把這件事情告訴齊王，建議齊王要虛心納諫，接受不同人的建議和勸諫，即使對方的說法讓自己難堪，也應當虛心接受。

齊王認爲有理，隨即發出佈告，隨即進諫的人往來不斷，其中有許多意見皆能切中時弊，而齊王也都能接受改進。

後來，意見越提越少，齊國的政治越來越開明，經濟發展與國力也日益強盛，終於成爲當時諸侯公認的強國。

春秋末年，子產也是位從不對民衆言論加以壓制的宰相，即使人們對鄭國的政治抱著不滿或是嘲諷態度，他都能坦然接受。

當時，在鄭國各地普遍設有鄉校，那裡不只是教育人民的地方，同時也是許多對政治不滿的人發言的場所。

民衆們在那裡發洩怨言並斥責政治，有些朝中大臣聽說後，都非常擔心這些人會對社會、政治帶來不良的影響，紛紛要求關閉鄉校。

然而，這時子產卻反駁說：「千萬不可以關閉鄉校，因爲那是民衆在結束一天的勞動之後，唯一休息的地方，他們聚集在那評議政治其實並無不妥，他們的意見更可以作爲我們施政的參考，對於讚賞有加的政策，我們便可以繼續深化實行，如果聽見批評或是建議，我們更應該加以改革。要是我們強行壓制，也許能暫時抑止他們的言論，但是，此舉卻像堵塞河道一樣，水勢雖然一時堵住，但是，當更大的洪水滾滾而來時，必定會氾濫成災。與其如此，倒不如從平時就慢慢地疏通洪水，這不是更好嗎？」

從子產這番話，我們可以知道，想要箝制別人的想法或言論，在這個誰也不怕誰的年代，早就已經是行不通的方法。

想要封住別人的嘴巴，到頭來只會換來更多不堪入耳的流言和毒語。面對批評或批判，我們都應當有包容的心胸和寬容的氣度，允許人們發表不同的意見，因爲，嘴巴長在別人的臉上，不是我們可以控制的。

唯一對自己有用的應對方式是，從這些話語之中找出自己看不見的問題，補強自己缺失或不足之處。

懂得以別人發出的批評、諫言作爲自己的一面鏡子，如此才能讓自己朝著更正確的道路前進。

厚黑智典

一個人越是卑鄙，他就會越固執地想要扮演高尚的角色，有些人甚至還因此成功了。

——塞涅卡

當個能綜觀全局的領導者

將工作轉交給部屬，不僅可以提高員工的能力，還能讓你有時間綜觀全局，讓你領導的事業擁有最大的突破空間。

身為一個領導者，一定要有識人之明，並且要有充分授權的觀念。否則，就會用人不當，讓自己像無頭蒼蠅一樣東飛西竄，疲於奔命卻又做不成什麼大事。

丙吉是漢宣帝身邊重要的宰相，有一年春天，當丙吉乘車經過繁華的都城街道，恰巧看見有人當街群毆，死傷極多。

然而，當時他卻視若無睹，立即離開現場，接著他又看到了一頭拉車的牛，氣喘吁吁地吐著舌頭，一副無精打采的模樣，他居然立即派人去問牛的主人，這頭牛到底是怎麼回事。

丙吉對於人畜表現出兩極化的態度，令旁邊的隨從都感到好奇，不禁問他：「爲什麼宰相對群毆的事情不聞不問，這會兒卻如此操心牛的氣喘，如此是不是有點輕重不分，本末倒置？」

丙吉認眞地回應：「制止群毆是長安令或京兆尹的職責，身爲宰相，我只要每年評定他們的政績，再將賞罰建議呈交給皇上就行了，並不需要參與這些瑣碎之事。至於關心牛隻，我之所以要停車探問，那是因爲，現在正值初春時節，黃牛卻大吐舌頭，氣喘不停，我很擔心是因爲陰陽不調。陰陽不調則關係舉國人民的生計，這是宰相的責任之一，所以我才特地停下車子詢問。」

衆隨從聽後，這才恍然大悟，紛紛稱讚宰相英明。

這個故事提醒我們，有能者或有權者，不要一味地把所有的權力都牢牢地握在手中，或是大事小事都非得親身過問才可以，畢竟超過負荷的工作量，絕對不是最有效的工作方式。

那只會讓你工作辛苦，此外，管得太多也很容易雜亂無章，如果凡事必定要親自叮嚀，甚至插手其中，對工作上的績效只是弊多於利！

其實，領導者最重要的工作，是擬定完善的計劃後，有條不紊地將工作分派給底下的人，而且知道哪個部份適合哪些人去執行，自己只要研究如何提高計劃的完成效率就可以了。

因為，唯有這樣才能充分地運用員工的能力，還能讓自己能有效地綜觀全局，並讓自己領導的事業有最大的突破空間。

厚黑智典

天生就想要缺德做壞事的人，如果找不到漂亮的藉口，就會明目張膽地去做惡！

——伊索

把人才用在最正確的地方

選用人才，領導者一定要注意任人唯賢的重要性，並了解此人是否有勝任的實力，否則再美好的目標，都會事倍功半，甚至功敗垂成。

在實力決定勢力的競爭社會中，一個領導者一定必須具備識人用人的精準眼光，以及放手讓下屬發揮才華的決斷。

呂蒙曾經被人譏笑爲「吳下阿蒙」，後來奪發圖強讓人「刮目相看」，是東吳的一員大將，赤壁大戰之後鎮守陸口，隔著長江與荊州相望，而關羽在劉備、孔明進入四川之後，也獨當一面，屯駐在荊州。

雖然，關羽曾經主動出擊，打下曹軍佔領的襄陽地區，還水淹七軍，擒獲了曹操的猛將于禁、龐德……等人而名震天下，然而，他卻因爲戰線拉得過長，憂患也一天一天地加深。

當時，魏、蜀、吳三國展開了混戰，關羽乘機襲擊曹營，而東吳又在背後對關羽虎視眈眈，曹軍也因爲屢次戰敗而對關羽懷恨在心，所以打算暫時與東吳聯手，協助東吳進攻關羽。

孫權看準時機，決定進攻關羽，要回被蜀軍賴著不還的荊州。

他把堂弟孫皎與大將呂蒙叫來，讓他們共同領軍作戰。

然而，呂蒙對此卻很不滿，抱怨道：「主公倘若認爲呂蒙可用，則獨用呂蒙，若以爲叔明可用，請獨用叔明。」

亦即，他希望孫權只須挑選其中一人領軍即可。

孫權聽了呂蒙的話，心下暗自揣測：「莫非呂蒙已有破敵之計？」

於是，過了不久他便把呂蒙召來，說道：「呂將軍，我就任命你爲領兵大都督，總管江東諸路軍馬。」

孫權眞的獨用呂蒙，而呂蒙也不負重望，帶領東吳士兵偷襲荊州得勝。

這一役，讓關羽的軍隊失去荊州之後，喪失了後援補給，無疑是個重大的打擊，最終導致關羽在麥城一役戰敗被殺。

東吳能在這次戰役獲勝，多虧孫權的慧眼識英雄，給予呂蒙完全的信任，更讓呂蒙完全發揮實力，才能擊敗關羽這個強敵，這正是現代領導者應該學習的地方。

選用人才，領導者一定要注意任人唯賢的重要性，也一定要考慮工作性質是否符合部屬的特質，並了解此人是否有勝任的實力，否則再美好的目標，沒有適才適用，都會事倍功半，甚至功敗垂成。

厚黑智典

創造力就像野兔一樣，如果你已經有了一對野兔，並且了解到如何養活牠們，那麼很快的，你就會有一打野兔。

——史坦貝克

忍耐，是為了累積成功的資本

最懂得忍字訣的人，在不斷地累積力量、增強忍耐力和判斷力的同時，也為將來事業累積成功的資本。

宋朝文學家蘇洵曾說：「一忍可以制百辱，一靜可以制百動」，這番話告訴我們，凡事雖然應該把握時機，卻也不能貿然行動。

歷史上的成功人物者都知道，「忍」字是至高至上的修爲，能忍耐的人才能伺機待時，等到有了足夠的力量與對手對抗，便能猛烈反擊，一戰而勝。

三國時期，南方部族首領孟獲領兵反蜀，製造叛亂，蜀國則由丞相諸葛亮親自率軍前往平定，當時他便是以「忍」字訣，徹底征服孟獲。

諸葛亮聽說孟獲不但勇猛，而且在南方各部族人民中極具威望，爲了長治久安，便以降服孟獲爲目標，下令對孟獲只許活捉，不得傷害。

孟獲軍隊與蜀軍交鋒之時，請葛亮派令蜀軍故意敗下陣來，孟獲憑仗人多，只顧著向前衝，卻誤中蜀軍的埋伏，因此而大敗。

這是孟獲第一次被活捉，當時諸葛亮請他進入蜀軍帳內，並當場叫士兵爲他鬆綁，還陪他參觀軍營，但是，並未獲得孟獲的臣服，他仍然傲慢無禮，不肯就此服輸，諸葛亮也沒多說便放他回去。

孟獲回到部落後，重整旗鼓，又一次進攻蜀軍，結果再次被諸葛亮活捉。

儘管諸葛亮繼續耐心規勸，但孟獲還是不服，這一次，諸葛亮依然又放了他。此後，孟獲改變了戰略進攻蜀軍，或堅守渡口，或退守山地，然而不管如何改變，始終都被諸葛亮擒住，也一次又一次被釋放。直到第七次，孟獲被擒，諸葛亮再次要放他回去時，孟獲卻跪了下來，還哭泣著說：「丞相七擒七縱，待我可說是仁至義盡，我打從心裡佩服，從今以後絕不再聚眾反叛。」

孟獲第七次獲釋回去之後，便極力說服各部落的人民，使南中地區重歸蜀漢，蜀國後方逐漸穩定，各部族人民也得以休養生息，安居樂業，從此，蜀國再也不必浪費兵卒去討伐叛軍了。

以當時的現實局勢而言，蠻族反叛無常，殺了孟獲只會使情況更加惡化，因此，諸葛亮百般隱忍，終於得到最佳的回報。

最懂得忍字訣的人，會要求自己，培養剛強的毅力和堅韌的耐力，能忍人難以忍受的事物，要求自己能屈能伸，而在不斷地累積力量、增強忍耐力和判斷力的同時，也爲將來事業累積成功的資本。所以，忍與不忍的區別就在於，不能忍耐的人雖然可以暫時發洩眼前怨氣，卻往往無法得到最後的成功，而能忍耐的人則因爲等到致勝良機，比別人更有機會獲得長遠利益的回報。

厚黑智典

每個人都有自己相信的座右銘，我的成功座右銘就是：人不可不要臉，但臉皮一定要夠厚。

——約翰．雷

輯 4.

自作聰明，小心惹禍上身

人可以沒有大智慧，
但是絕對不要亂耍小聰明，
否則就會步上楊修的後塵，
為自己招來禍害，死得不明不白。

不要為了虛名而忘了自己的目的

「外寬」是為了把自己的事業做得更好，而不是為了虛有的稱譽，如果為了虛名而忘了目的，只會讓自己看不清真相，迷昏了頭腦。

身爲一個領導者，在建立組織架構時，除了要能識人，懂得選拔合適的人才外，還要考慮如何用人，讓合適的人才發揮最大的能力。領導者用人策略最好是要「外寬內合，用人以信」，對外親近寬容，對內則是強調組織的團結合作。

舉例而言，在三國尚未鼎足而立的後漢戰亂時代，袁紹曾經獨霸一方，軍事實力相當雄厚，最後造成失敗的原因採用「外寬內忌」的領導模式。

「外寬」的確能結合外在的力量，爭取更多的資源，不過對於自己部屬，他又過於嚴厲的猜忌與蔑視，終於使他民心大失。

袁紹當時是河北的大軍閥，割據一方，憑藉強大的軍事實力，在討伐董卓之時便躍居聯軍首領，因爲他有招才容賢的名聲，手下人才濟濟，其中有一位便是頗有學識的知名謀士田豐。

當劉備兵敗時，袁紹以「不失大義」之名將他收入旗下，當劉備另有所圖而以個人利益出發，提出意見勸袁紹討伐曹操時，袁紹也不假思索地點頭同意。然而就在此時，卻面臨田豐挺身反對。

田豐認爲：「曹操的軍隊士氣方銳，未可輕敵，否則，恐怕出師不利。」

袁紹聽到這番勸諫，不但沒有冷靜思考大局，衡量敵我實力，反而認爲田豐懷疑自己的決定，在出兵之際還用這種助長敵人威風的話渙散軍心，一時勃然大怒，立即傳令要將田豐處斬。

所幸，在諸位大臣一再求情之下，袁紹才改而將他囚禁獄中。

後來，袁紹果然在官渡戰役大敗，回營之後將怒氣轉移到田豐身上，怪他出言不遜，出兵之前觸自己楣頭，於是賜他死罪。

袁紹收容猶如喪家之犬的劉備，對他言聽計從，外人看來雖然是雍容大度，但也只是虛榮心作祟而已，想博得外界的美名罷了。錯把「外寬」當成目的，而不是手段的運用，對部屬提出的建議不加以思索便斷然否決，才造成他伐曹大敗，從此離心離德。

「外寬」是爲了「內和」，爲了把自己的事業做得更好，而不是爲了虛有的稱譽，如果爲了虛名而忘了目的，只會讓自己看不清眞相，迷昏了頭腦；「內忌」則會使自己漸漸地失去人心，造成忠誠的部屬漸漸遠離自己。

再完善的組織也經不起這樣的挫折，就像袁紹把田豐等忠心部屬的勇於進諫當成別有用心，終於導致自己的滅亡。

厚黑智典

領導者最高明的統御辦法就是：帶領部屬去完成一個永遠都不可能實現的夢想。

——巴爾札克

用人不疑的領導態度

領導者在寬厚待人的同時，只要能用人不疑，並給部屬充分的信任，自然能創造良好的工作條件，讓人才充分地發揮自己的聰明才幹。

要想成爲一個傑出的領導者，就必須嚴格地要求自己，做到寬厚待人、善於合作，以增強團隊的凝聚力。

韓、趙、魏三家分晉之後，中國歷史進入戰國時期，各國之間的戰爭更加頻仍，可說連年不斷。有一年，魏國國君魏文侯決定派大臣樂羊率軍攻打中山國，問題是，樂羊的兒子樂舒當時正在中山國擔任重臣。

這個問題立即引起朝中大臣的爭議，他們認爲，樂羊雖然善於佈兵打仗，但是這回卻是父子對立，樂羊恐怕不會全心全意爲國效忠。

儘管朝中爭議頗多，但魏文侯卻沒有改變主意，依然派樂羊帶兵出征。

樂羊抵達中山國後，決定用圍而不攻的戰略，消耗中山國的糧食和水源，因而一連好幾個月，樂羊皆按兵不動，也不曾發動一兵一卒，朝中持反對意見的大臣見狀，紛紛上書魏文侯，要求撤換樂羊的職務。

然而，魏文侯仍然只是一笑置之。當朝中罷免的聲浪高張時，魏文侯反而派遣專使帶著酒食、錢糧去慰問樂羊，並且犒賞軍隊，甚至當流言如火如荼之際，魏文侯竟然還賞賜了樂羊一所漂亮的別墅。

最後，樂羊終於按照原訂計劃攻克了中山國，凱旋歸國。

魏文侯當然非常高興，特意爲樂羊舉行了一場盛大的慶功宴，而那些非議過樂羊的大臣們，個個都自覺慚愧，頻頻稱讚魏文侯用人不疑。

宴會結束，魏文侯賞給樂羊一個密封的木箱，樂羊回到家後打開一看，發現裡頭不是金銀珠寶，而是滿滿一箱大臣們彈劾他的奏章。

樂羊這時才明白，如果不是魏文侯對他的信任，不要說攻打中山國的任務不能完成，恐怕連自己的性命也難保了。

魏文侯是戰國初期的英明君主，流傳著許多諸如此類的故事，「用人不疑」的領導原則，使他能夠在大混戰的時代，率領魏國登上歷史舞台。

在樂羊伐中山國這個典故中，魏文侯的表現說明了身為一個領導者，必須要寬容大度，虛心採納部屬的意見，即使他的想法與自己不相符合，也應該仔細考慮，找到合理的解決辦法。此外，當部屬犯錯時，或執行的任務不順暢之時，也千萬不要落井下石，應該真心誠意地幫助他，找出錯誤的原因，進行修正。

領導者在寬厚待人的同時，只要能用人不疑，並給部屬充分的信任，自然能創造良好的工作條件，讓人才充分地發揮自己的聰明才幹。

厚黑智典

證據顯示，當人類面對不確定性時，所有的決定和選擇，都只是一再重複非理性、不一致性及無能而已。

——柏恩斯坦

要讓私心變得名正言順

愚者只顧一己的私心，不管別人的需求和觀感，終究只是井底之蛙的格局，過度膨脹就會把自己的肚皮撐破。

歷史上許多事例都證明了愚者與愚者的差別。愚者只顧自己的私心，最終引起眾人的反感而一敗塗地，但是，智者不僅知道自己的私心，也瞭解別人的私心，懂得爲眾人謀求利益，所以成就傲人功業。

春秋時代，鄭國君主鄭莊公和他的弟弟共叔段都是姜氏的兒子。由於姜氏生鄭莊公時差點難產致死，因此對於鄭莊公相當厭惡，一點也不關愛這個兒子，只疼愛小兒子共叔段，還幾度企圖密謀要讓鄭武公廢掉鄭莊公，改立共叔段爲太子。

爲了共叔段，姜氏千方百計向鄭武公討了京地，讓共叔段成起了「京城太叔」。大臣祭仲對鄭莊公說：「都城超過了百里，將會是國家的禍害，如今京地超過了它本應有的限度，不合先祖的體制，你將來會無法控制的。」

鄭莊公便說：「你等著瞧吧！那小子多行不義，必會自取滅亡。」

後來，「京城太叔」共叔段，開始在京地周遭劃出屬於自己的地域。

鄭國大夫公子日對鄭莊公說：「假如您打算把鄭國送給共叔段，那我就侍奉他；您如果不甘心讓位於他，那麼請您讓我除掉他！」

鄭莊公淡淡地說：「用不著除掉他，他會自己惹禍上身的。」

只見企圖心日益壯大的共叔段，把原來劃出的地域正式收爲自己所有。

大臣於封便警告鄭莊公：「土地廣大會得民心。」

鄭莊公卻仍然堅持：「共叔段多行不義，不能籠絡民心，會因此而垮台的。」

共叔段繼續修葺城牆，製造武器步車，計劃與姜氏裡應外合，襲擊鄭莊公。

鄭莊公聽到共叔段發動突襲的消息，連說：「太好了！」於是，命令大隊人馬伐京，而京地的人民也背叛共叔段，紛紛臨陣倒戈，讓共叔段不得不倉皇逃走。

共叔段與姜氏二人目光短淺，只注意自己的小利，因而自取滅亡；鄭莊公則因胸懷大志，等待時機成熟，以正義之師出兵討伐，所以能一舉得勝，獲得人民愛戴。

所謂「人無私心，天誅地滅」，一般人爲了滿足自己的需要，或者是實現自己的理想願望，有時候難免會有私心或做出傷害他人的事。

但是，這樣的私心也有智愚的區別，可說是成敗的關鍵。

愚者只顧一己的私心，不管別人的需求和觀感，終究只是井底之蛙的格局，過度膨脹就會把自己的肚皮撐破。

唯有智者知道必須把自己的私心和眾人的利益結合，讓私心變得名正言順。當眾人的需求得到滿足後，自然自己也會得益，開創出一片全新的遠景。

厚黑智典

設法讓別人的鐮刀，心甘情願地割在你的麥穗上，是成功者必須具備的條件之一。

——賀拉斯

拋棄成見才能看見成功

如果懷著既定的成見去瞭解他人的想法，有時能很快得到雙方的共識，但也有可能因為無法理解而將對方斥為異端。

不管是東方的藥物或西方的藥物，都有一個相當有趣的現象，那就是所謂的毒藥與解藥，通常只有一線之隔。再好的藥物吃多了，也會變成致命的毒藥，相同的，再如何含有劇毒的藥物，也有一定程度的正面功能。

例如，砒霜含有劇毒，但適當的使用卻也能夠救人；人參可以滋補身體，但是吃得太多卻也會讓人一命嗚呼。

這種現象運用在做人做事上，可以使我們理解，善與惡是相對的，不是絕對的，一切必須視情況而定，如果懷著既定的成見去瞭解他人的想法，有時能很快得到雙方的共識，但是，也有可能因爲無法理解而將對方斥爲異端。

當年姜氏欲立共叔段爲鄭國君主，共叔段最後卻被鄭莊公打敗，倉皇避難別國時，鄭莊公對他的母親姜氏懷恨在心，一氣之下便把她放逐到穎城，並且發誓：「不及黃泉，絕不相見！」

管理疆界的鄭國大夫穎考叔聽說這件事後，爲了弭平兩人之間的恩怨，便前去謁見鄭莊公，鄭莊公見穎考叔前來，熱絡地邀請他一起飲宴。

穎考叔吃飯的時候，把肉放在一邊，鄭莊公好奇地問他：「這是什麼緣故？」

穎考叔說：「微臣有位老母，我嚐過的食物她都吃過了，唯獨不曾吃過您賞賜的美食，請讓我把這些鮮美的肉留給她吧！」

鄭莊公聽了感嘆道：「你能留下食物給母親，我卻沒有辦法呀！」

穎考叔問：「這怎麼說呢？」

鄭莊公說明了緣故，穎考叔聽完後，便笑著說：「主公，您不必爲此擔憂啊！在地下打通隧道，您不就可以在黃泉之下見著自己的母親了嗎？」

鄭莊公一聽，立即依照穎考叔所說的去做。

共叔段兵敗流亡他國之後，使得鄭莊公的憎恨情緒得以紓解，穎考叔的舉動，更讓鄭莊公有了省悟，大發「爾有母遺，惟我獨無」的感慨。

這說明了，不管彼此之間有什麼深仇大恨，只要事過境遷就能盡釋前嫌。以共叔段與姜氏先前對鄭莊公的威脅狀態而言，鄭莊公很難原諒自己的兄弟和母親的篡位意圖，不然他也不會說出與母親「不及黃泉，絕不相見」的話。但是，隨著世事流轉，心中的仇恨也在權位鞏固之後煙雲散。

鄭莊公隨著時境的變化而改變自己的成見，圓融處世的態度，不僅讓他與母親的關係和好如初，也讓他獲得了美名。

厚黑智典

你去爭辯問題、抗拒問題，可能會耗更多時間與精力，倒不如採取積極態度去解決問題。一旦把問題解決，你會很興奮滿足。

——李奧·貝納

自作聰明，小心惹禍上身

人可以沒有大智慧，但是絕對不要亂耍小聰明，否則就會步上楊修的後塵，為自己招來禍害，死得不明不白。

在現實社會中，我們常常可以看到，有些人明明有才有識，但是他們越表現自己，大家就越要孤立他們，有機會的時候，還會設法扯扯後腿，這是因爲他們不懂得做人做事的哲學，只不過自作聰明的大傻瓜。

現代社會，除了金光黨之外，故意裝瘋賣傻的人少了很多，可是自作聰明的人卻仍然處處可見。這些自作聰明的人眞的聰明嗎？恐怕不見得吧！

東漢末年到三國鼎立這段期間，是一個人才輩出，彼此鬥智鬥力、比奸比詐的混亂時代。在亂世之秋，名列建安七子的楊修是曹操陣營裡的主簿，以思維敏捷、才華過人著稱。

有一回，曹操率領大軍在漢中迎戰劉備，雙方在漢水一帶對峙很久時，曹操由於長時間屯兵，已經到了進退兩難的處境。

有一天夜裡，大將夏侯惇入到主帥帳內請示夜間崗哨號令，曹操此時見晚餐中有根雞肋，有感而發，隨口說道：「雞肋！雞肋！」

於是，夏侯惇便把「雞肋」當作號令傳了出去。

行軍主簿楊修聽到後，隨即叫士兵們收拾行裝，準備撤軍事宜，夏侯惇感到奇怪，就把楊修叫到帳內詢問詳情。

楊修解釋道：「雞肋雞肋，棄之可惜，食之無味。如今的局勢是進不能勝，退恐人笑，屯駐在此處又有何益？不久丞相必定會下令班師。」

夏侯惇聽了之後非常佩服，營中各位將士便都打點起行李。

但是，當曹操得知這種情況之後，不禁勃然大怒，最後便以楊修造謠惑眾、擾亂軍心的罪名，把他處斬。

楊修的確猜中了曹操的心思，但是肆無忌憚耍弄小聰明的結果，卻爲自己惹來殺身之禍。試想，在兩軍對陣的非常時刻，曹操怎麼容得下楊修代他發號軍令？

人可以沒有大智慧，但是絕對不要亂耍小聰明，否則就會步上楊修的後塵，爲自己招來禍害，死得不明不白。

當然，這並不是教你當個裝瘋賣傻的小丑，而是強調該聰明的時候要放聰明一點，不應該聰明的時候就要「沉默是金」。

裝瘋賣傻只是愚人的伎倆，或是在危急狀況下不得已而採用的手段，平時何必糟蹋自己去做這種事？

只是，有些事心裡知道就好，千萬不要爲了顯示自己很聰明而說出來。

厚黑智典

理性的人會做出對他最適合或最有用的選擇，依照他的知識與能力，依照他既有的喜愛與偏好，做出最好的選擇。

——大衛．赫希萊弗

領導者要有放手一搏的氣魄

身為一個領導者，應該讓部屬有良好的環境得以發揮才能，萬一遇到困境時，更應該有「用人不疑」，堅持自己的判斷。

春秋五霸之一的秦穆公，曾留下一段用人不疑的歷史佳話。

秦穆公登上歷史舞台之時，正値秦晉爭霸的關鍵時刻，晉國國君驟然病逝，秦穆公想要藉這個機會強行越過晉國，消滅晉國的鄰國鄭國。

於是，秦穆公派孟明視、西乞術、白乙丙三位大將率軍出征，然而這個消息卻被晉軍截獲，於是晉軍趁機狙擊，反而讓秦軍全軍覆沒，三位大將們成爲戰俘。

晉國爲了趁機羞辱秦國，並沒有殺這三位大將，而是故意將他們放回秦國，請秦穆公自行處理。

秦國舉朝上下皆爲此事感到羞憤不已，三位主將也恨不得以死謝罪，但秦穆公卻身穿縞素，親自到郊外去迎接他們，並爲戰死的將士痛哭流涕，之後又向全國發佈了引咎自責的《秦誓》。

他說：「孟明視等人都是傑出的將領，他們因爲寡人做了錯誤的判斷，而導致如此巨大的慘敗，但勝敗乃兵家常事，我想將軍們一定會振作起來，爲國雪恥。」

這個動作果然奏效，孟明視等三位將領從此勤奮練兵，耐心地等待復仇的時機到來，好一雪恥辱。

誰知道，一年之後，孟明視等率領軍隊討伐晉國，卻依然慘敗，這種情況下，大臣們都認爲，不能再繼續任用這三個酒囊飯袋了。

然而，秦穆公卻不顧衆人反對，仍然讓他們位列將相，並幫助他們整頓軍政，這也讓孟明視等將領更加忠誠，誓言一定要報答秦穆公的知遇之恩，實現《秦誓》所言，爲國雪恥。

歷經三年的厲兵秣馬，孟明視三人再度率軍伐晉，這一戰秦軍勢如破竹，晉軍大敗潰逃，終於一雪國恥。

從秦穆公這個例子中，我們可以得知，身爲一個領導者，除了應該有寬廣的胸懷，還要有高瞻遠矚的用人眼光，給部屬良好的環境得以發揮才能，萬一遇到困境時，更應該有「用人不疑」的氣度，堅持自己的判斷，與部屬同甘共苦。

這樣一來，才能讓部屬產生「士爲知己者死」的情緒，激發出必勝的決心和潛力，使工作得以順利推展。

厚黑智典

真正成功的人，就是能借助別人失敗的經驗，來讓自己學會更聰明地獲得成功。

——蘇格拉底

怪別人，當然比怪自己容易

人最大的弱點就是看不見自己的缺點，人最大的盲點也是看不見自己的缺點。

某家公司謠傳出現了財務危機，營業額大幅下降，使公司面臨了前所未有的重大考驗，人事部甚至傳出風聲可能即將裁員以維持公司營運。

因此，董事長特別召集全體員工，開了一次緊急會議，並請各部門主管檢討營業額下降的原因。

首先，甲主管比較了其他同業的銷售現象，接著，乙主管分析了市場全面不景氣的因素。

說著說著輪到第五個主管開始報告時，董事長再也按捺不住，猛然站起來，故意將咖啡灑在乾淨的地板上，並宣佈：「會議暫停五分鐘，請工友進來清理一下。」

大夥見到這個突如其來的舉動，全都嚇呆了，個個屏氣凝神，不知道董事長到底要做什麼。

正當工友清理地面的同時，董事長平靜地對大家說：「比起前一任工友，現在的工友取代了他，得到了這份工作，並替自己創造了經濟利益。現在你們也是一樣，面對同樣的地區、同樣的對象、同樣的商品，但是營業額卻比不上從前，這究竟是誰的錯呢？」

全體員工開始低著頭省思，主管們也總結了自己的錯誤，第二年，該公司的營業額終於突飛猛進，打破了歷年來的紀錄。

人最大的弱點就是看不見自己的缺點，人最大的盲點也是看不見自己的缺點。

考試考砸了，我們一味推說老師出的題目刁鑽古怪，會的都不考，就是不怪自己不用大腦。

上班遲到，我們抱怨政府不把交通整頓好，連騎機車也會塞車。

小孩做錯事，我們罵他們不長進、不受教，怎麼就是沒繼承大人的優良血統呢？

然而，這眞的都是別人的錯，完全不關自己的事嗎？還是只因爲怪別人比怪自己容易，推卸責任比承擔過錯來得簡單呢？

知難行易，知易行難，這又是誰的錯呢？

厚黑智典

使我詫異的是，任何一個人未反省自己之前，何以能厚著臉皮去責怪別人。

——毛姆

隨時捉住市場的需求

平時多用心設想各種可能發生的狀況，當變故發生之時才不會手忙腳亂，犯下致命的錯誤而付出慘痛的代價。

很多人習慣把聰明和變通掛在嘴上，但是絲毫不知所謂的聰明，不是智力測驗得到的成績，而是對事物的感受能力和理解能力；所謂的變通也不是毫無遠見的求新求變，而是看清事物本質所做的各種努力。

在現實社會中，唯有隨時捉緊社會需求，隨時扣緊生活脈動，我們才能不擔心跌倒，更能在跌倒前緊捉生命的新契機，看見生命更精采的一面。

日本阿托搬家公司的創始人寺田千代的丈夫原來是駕駛卡車的司機，然而中東戰火導致石油危機發生之後，運輸行業開始衰落，他也面臨了失業的命運。

有一天，寺田千代偶然在報紙上看到，有些家庭每年都要爲搬家支出大筆費用，這則消息給了她全新的靈感，鼓勵丈夫自行創業。

寺田千代和丈夫計劃成立了搬家公司之後，爲了讓業務增加，首先想到了如何運用電話簿的功用。

當時，一般人想要尋找搬家，都會從電話號碼簿上查找搬家公司的電話號碼，而她也發現，日本的電話簿是按行業分類，同一行業再按日語字母排序。

因此，寺田千代巧妙地把自己的新公司命名爲「阿托搬家中心」，這使得它在同行業的電話簿排列中排行首位，在顧客選擇搬家公司時佔有更高機率，接著她又選了一個既醒目又好記的電話號碼。

公司正式開張後，她開始爲搬家技術進行了一系列的革新。

在大多是高樓公寓的日本，她設計了搬家專用的箱子和吊車，同時向顧客提供與搬家有關的服務配套，包括代辦清掃消毒、申請換裝電話、子女轉學及解決廢棄物等三百多項瑣碎事務。

此外，奪田千代還打破了「行李未到，家人先到」的搬家常規，將既無奈和煩人的搬家，變成了終生難忘的旅行。

她向歐洲最大的車廠巴爾國際公司，訂做了一台命名爲「廿一世紀之夢」的搬家專用車。這種車前半部分成上下兩層，下層是駕駛室和置物空間，上層是可以容納六個人的豪華客廳，裡面有舒適的沙發、嬰兒專用的搖籃，還裝有電視機、組合音響、電冰箱、電視遊戲器……等設施。

當這個新型搬家車在電視廣告中一曝光後，預約搬家的客戶立刻蜂擁而至，使得客源方面無後顧之憂。

阿托搬家公司創辦之後，營業額年年增長，現在年營業額已達上百億日元，發展至今，分公司已遍及全國近四十個城市，甚至有美國和東南亞地區的企業，前來購買它的搬家技術專利。

寺田千代後來也被評爲，全日本最活躍的女企業家之一。

這個例子說明了，不管從事什麼行業，都難免面臨景氣的榮枯循環，在景氣好的時候要設法力爭上游、精益求精，在景氣陷入低迷的時候則必須懂得變通，才會遇上峰迴路轉的契機。

所以，經營者應該不斷就市場需求和消費習慣的變化，調整產品結構和經營戰略，並不斷地適應市場需要，才能使自己立於不敗之地。

走在人生的旅途上，應對進退的道理也是相同的，平時就必須多用心設想各種可能發生的狀況，如此一來，當變故發生之時才不會手忙腳亂，犯下致命的錯誤，付出慘痛的代價。

厚黑智典

我們追求的目標是，不只要比競爭者做得更好，還要把品質提升到煥然一新的境界，改變競爭情勢。

——傑克·威爾許

不要死守過去的成功經驗

時代在變，事物和人們的思維也同時都在改變，唯有能夠隨著時代潮流靈活應變的人，才能成為真正的贏家。

世事的變化猶如流動的河水，平常人看不出它的痕跡，只有獨具慧眼的人才能看清細微的變化，並且根據變化的趨向隨著變動，不死抱著先前的經驗法則。

牛仔褲創始人李維．特勞斯的發跡，是從淘金熱年代，向淘金工人銷售第一批帆布縫製的工作褲開始，從此，他讓牛仔褲成爲一種風靡世界的時髦服裝，也締造了「李維牛仔褲」一百多年暢銷不衰的光輝歷史。

李維家族祖孫四代靠著經營牛仔褲而發跡致富，他們創辦的「李維公司」也躋身美國五百大企業之列。

在海外，他們設有好幾處營業機構，並在十二個國家設有工廠，在更多的國家和地區設有銷售網，年營業額高達五．四億美元。

不過，隨著時代的前進，民眾的審美觀念和消費心理也逐漸產生變化。

二十世紀八〇年代之後，人們對牛仔褲的興趣逐漸減退，消費眼光開始轉向價格昂貴的流行時裝和運動服。

在這個緊要關頭，李維公司的負責人並沒有仔細分析市場趨勢和消費者消費習慣，依舊大批生產樣式、品種單一的牛仔褲。

而運動服和流行時裝則相反，在樣式和花色上不斷地推陳出新，款式新穎別致，經營方式也靈活多變。這些新興的生產運動服和時裝的公司，同時藉著與世界知名的服裝設計師合作，加強產品的影響力，強力競爭下，李維公司的利潤，自一九八〇年以來直線下滑。

面對這種困境，李維公司不得不決定裁員二千四百名，打破終身僱用的體制，同時關閉大量的分廠，甚至開始改營時裝和運動服裝。

問題是，絕佳的機會他們已經擦身而過，此時只能在後方苦苦追趕。

李維公司以旭日東昇的態勢到達巔峰狀態之後，開始向下滑落，終至陷入困境，其實也是大多數企業的寫照。

從這些過程中我們可以看見，和社會趨勢變化脫節是最嚴重的致命因素。

想要維持榮景，就應該適應消費者消費習慣的微妙變化，不管過去成功的經驗曾經引起多麼巨大的轟動，賺進多少的利潤，那終究是過去的事。

做人做事的道理也相同，時代在變，事物和人們的思維也同時都在改變，唯有能夠隨著時代潮流靈活應變的人，才能成爲眞正的贏家。

厚黑智典

專家一致同意，創新是建築在已知的基礎上。別忘了舊的東西，切記！消費者深信的新信條：價值與便利。

——里瓦·雷森斯基

輯 5.

用同理心 動搖別人的心

要善於使用情感說服人，
別只想透過強硬的理論
或證據逼使對方同意自己的觀點，
這樣不但無法達到說服的目的，
還可能使談判破局。

示弱是為了獲得更多成果

領導者應該明白，局勢對自己不利時候示弱是為了迂迴前進，當面臨無法克服的阻礙時，退一步反而更能往前邁進。

人在屋簷下，不得不低頭。當你在權勢和機會都不如別人的時候，必須明瞭退一步才能海闊天空的道理。

眞正的成功者是拿得起、放得下，能屈能伸，況且，這種「退」可以幫你「以退爲進」，借這樣的機會修身養性、等待時機，以圖東山再起。

一〇七六年，德意志神聖羅馬帝國皇帝亨利四世與教皇格里高爭權奪利，達到勢不兩立的地步。最後，教皇格里高召集德國境內各教區的主教們開了宗教會議，宣佈將亨利四世驅逐出教。

當時，亨利四世在國內的統治權並不穩固，相形之下教皇的號召力卻很大，一時之間，德意志內外反亨利四世的呼聲震天價響，特別是德意志境內大小的封建主都起兵造反，試圖奪取王位。

亨利四世面對危機之下，被迫妥協。一〇七七年一月，他身穿破衣，只帶兩個隨從，騎著毛驢，千里迢迢來到遠離羅馬的卡諾莎行宮，向教皇請罪懺悔。但教皇格里高緊閉大門，將亨利四世拒於門外。

爲了保住皇帝的寶座，亨利四世營造了忍辱負重的形象，跪在門前懺悔。當時大雪紛飛、天寒地凍，而身爲帝王之尊的亨利四世屈膝脫帽，一直在雪地上跪了三天三夜，教皇才開門相迎，饒恕了他。

這就是歷史上著名的「卡諾莎之行」。

這件事從表面上看來，是教皇格里高贏得了勝利，但實際上，恰恰是他挽救了搖搖欲墜的亨利四世的政權。

教皇使衆多追隨者失望，而亨利四世則恢復了教籍，保住了帝位。亨利四世重返德意志後，集中精力整治內部，然後派兵把各個封建主擊敗，並剝奪了他們的爵位和封地，曾一度危及他王位的內部反抗勢力遂逐一被消滅。

在內部穩定之後，亨利立即發兵進攻羅馬，以報之前的恥辱。這時，格里高再施「撒手鐧」——開除亨利教籍，但這回卻完全失去了效用。因爲，原來的支持者都已被殲滅，中間派則在「卡諾莎之行」後不再信任教皇，紛紛投靠亨利四世。因此，亨利四世強兵壓境、所向披靡，格里高只好棄城逃亡，最後客死異鄉。

從亨利四世的例子，領導者應該明白，局勢對自己不利的時候，示弱是爲了迂迴前進，當面臨無法克服的阻礙時，退一步反而更能往前邁進。

厚黑智典

當我們自以為在領導別人的時候，往往正是被別人牽著走得最快樂的時候。

——拜倫

想搞定人，先營造對話氣氛

想要讓對方對你暢所欲言，首先要激起對方的情感，讓對方的卸下心理防備，這時候，你就搞定他了！

寒暄是交際中的潤滑劑，它能在陌生人之間架起一條友誼的橋樑。適度的寒暄能產生認同心理，滿足雙方的親和要求。可以說，寒暄是人際交往中一個必要的環節。

初次見面的人，彼此都不太瞭解，往往會出現尷尬的氣氛。這時不妨說一些問候的話語，例如「天氣好像有點冷」或者「最近忙什麼」等等。雖然這些寒暄並不重要，但是，正是這些話使初次見面者免於尷尬。

二十世紀八〇年代，義大利著名女記者奧琳埃娜．法拉奇計劃到中國對鄧小平進行專訪。

當時中國大陸剛剛改革開放，在此之前，與西方世界有著長達幾十年的冷戰，法拉奇非常擔心至這次專訪無法順利進行。因此，她翻閱了許多有關鄧小平的書籍，讀到一本傳記時，注意到鄧小平的生日是一九〇四年八月二十二日，於是，她腦海中有了一些想法。

一九八〇年的八月二十二日，鄧小平接受法拉奇的專訪。

「鄧小平先生，首先我謹代表我們義大利人民祝福您生日快樂！」法拉奇十分謙遜有禮地說道。

「生日快樂？我的生日到了嗎？」或許是由於工作太繁忙，鄧小平連自己的生日都沒有注意。

「是的，鄧小平先生，今天確實是您的生日，我是從您的傳記當中得知的。」法拉奇信心十足地說。

「喔！我總是不記得我的生日。而且我已經七十六歲了，早就是衰退的年齡了！

這也值得祝賀？」

顯然地，法拉奇的問候已經讓鄧小平對她有了好感，所以鄧小平不禁和她開了個小小的玩笑。

「鄧小平先生，我的父親也是七十六歲，如果我對他說那是一個衰退的年齡，我想他也許會給我一巴掌！」

法拉奇也和鄧小平開起玩笑。

鄧小平聽了她的回答，開懷大笑了起來。接下來便是法拉奇此行的眞正目的，她將談話引入正題，「鄧小平先生，我想請教您幾個大家都十分關心的問題，不知您能否給我一個圓滿的解答？」

「我盡力吧，儘量不讓妳感到失望。我總不能讓遠道而來的客人空手而回吧！中國可是個禮義之邦。」

採訪就在十分融洽輕鬆的氣氛中順利完成。

正是由於法拉奇在採訪開始前營造了一個良好的對話氣氛，所以她接下來提出的問題都得到了令人滿意的答覆。

想要讓對方對你暢所欲言，首先要激起對方的情感，讓對方的卸下心理防備，這時，人的心理才具有容納性，才容易接受你的觀點和勸導。

寒暄成功的前提是，對對方有一定的瞭解，這樣才能佔據主動地位。同時，談話時語氣要輕鬆柔和，就像茶餘飯後的閒談，語氣緩和，充滿感情，讓對方徹底放鬆，進而打開心房，這時候，你就搞定他了！

厚黑智典

現代人很有趣，雖然有些人樂觀進取，有創意和智謀，但我認為它代表的是大部分人的心靈退化，很容易就被騙、被說服。

——康拉德

激發好勝心，才能讓部屬前進

每位領導者都應該了解好勝心對屬下的影響，更要善用好勝心激起屬下的士氣，進而提高他們的工作效率，以營造出良好的成績。

斯切魏伯的一間煉鋼廠總是無法完成指定的數量。

「這是什麼緣故呢？」斯切魏伯問工廠的經理：「爲什麼像你這麼有能力的經理也無法使工廠達成任務呢？」

「我也不知道，」這位經理誠實地回答：「我已經好言好語鼓勵過工人們，設法勸告過他們，也罵過他們，甚至用開除威脅過他們，但是都沒有效，工人們還是無法完成指定數量。」

這時正好是白天班就要結束，夜班尚未開工的時候。

「給我一枝粉筆！」斯切魏伯對工廠經理說道，然後就轉向就近的一位工人問道：「你們今天白天煉了幾爐？」

「六爐。」工人回答。

斯切魏伯二話不說，拿起粉筆在地板上寫了一個大大的「六」字就離開了。後來夜班的工人來了，看見地板上有個「六」字，就問白天班的工人是什麼意思。

「今天大老闆來這裡了，」白天班的工人們答道：「他問我們今天煉了幾爐，我們告訴他六爐，於是他就用粉筆寫了個『六』字。」

第二天早晨，斯切魏伯再度來到這個煉鋼廠，發現了成果，夜班工人把「六」字擦掉了，寫上個「七」字。

白天班工人們看見夜班工人在地板上寫了個大大的「七」字，就努力工作，希望今天白天的產量能超過昨夜的數量，而夜班工人發現白天般的成績勝過他們後，又希望自己能超越白天般的成績。兩班工人都非常努力工作，過了幾天，到了交班時，地板上竟寫了個大大的「十」字。

在相當短的時間內，這家原本生產進度落後的煉鋼廠變得比任何一家煉鋼場都還要有效率，這就是善用好勝心的成果。

有挑戰就能激起好勝心，有好勝心才可能進步，也才能成功。在上述例子中，斯切魏伯瞭解到挑戰的無窮力量，而在以下例子中的阿爾．史密斯也知道。

阿爾．史密斯當紐約州長時，對州裡許多行政事務表示不滿，比如魔島兩邊聲名狼藉的新監獄缺少個堅強的典獄長，因此獄中爆發了許多醜聞和問題。史密斯想選個精明能幹的鐵腕人物去管理新監獄，最後選定的是羅維斯。

當羅維斯站在史密斯面前時，史密斯問他：「你打算怎樣管理新監獄呢？那是個需要大力整頓的地方啊！」

羅維斯感到很爲難，他深知新監獄的危險性，而且這是個牽涉到政治前途的任命，更是政治對手們攻擊的目標。那裡的典獄長時時更換，所以他必須對這個職位愼重考慮，評估值不值得去冒這個危險。

史密斯看出了他對新職位的猶疑不決，便一邊向坐椅一躺，一邊笑著說：「年輕人，我不責怪你對這個職位的恐懼，因爲那的確是個嚴峻險惡的地方，正是因爲這樣，所以需要一個了不起的人去那裡管理啊！」

面對史密斯拋出的挑戰，羅維斯被激起了好勝心，決定要接掌典獄長的職位。結果，羅維斯不但將新監獄管理好了，還成爲史上最著名的典獄長，他所寫的《兩個年代的新監獄》變成一本暢銷書，本人還上電台接受訪問。此外，他寫的監獄故事也被改編成幾十部影片，他對待犯人的人道主義更成爲改革監獄管理的方向。

再也沒有比利用好勝心，更能招攬或者留住一位有才幹的人了。每位領導者都應該了解好勝心對屬下的影響，更要善用好勝心激起屬下的士氣，進而提高他們的工作效率，以營造出良好的成績。

厚黑智典

一個人如果能看穿這個世界的矯飾，那麼，這個世界就是他的。

——愛默生

用同理心動搖別人的心

要善於使用情感說服人，別只想透過強硬的理論或證據逼使對方同意自己的觀點，這樣不但無法達到說服的目的，還可能使談判破局。

人際之間的黏合劑是感情，人與人交往時，要說服人最有力的武器也是感情。所以，在勸說的過程中，要想說服對方，就應該先在感情上征服他。

帕金森先生曾說過：「沒有人靠爭論來說服人，儘管你爭論的理由是百分之百正確，儘管你是世界上最好的律師，有最佳的口才，但如果他不願意，你也無法說服他。他會用最荒謬的爭辯來反對，他就是不服。」

遇到這種狀況，不要急躁，關鍵之處是要贏得他的心，而不是和他比智力，如此，你便有可能使他贊同你的觀點。

試圖以冷漠的推理和爭論說服對方，是絕對辦不到的。

有一位梅公，在固安縣做縣令。固安有許多顯貴的豪族和官宦，根本不把縣令放在眼裡，稍有摩擦，便和縣令當面爭執，不過梅公總是心平氣和地對待這些人。

後來，有個貴族拿著豬蹄來拜訪梅公，要求他爲自己要債。梅公一口答應，隨即烹豬蹄擺酒席，還派人召集債務人來聽候質詢。債務人來到後，都說自己太貧困無法還債。梅公喝斥道：「貴族的債哪能拖欠啊？你們竟敢以貧困爲藉口拒不還債嗎？聽著！不論是誰，今天都得還債，誰敢拖延，就準備死於刑杖之下吧！」

債務人都一個個哭泣著離去，那名貴族見狀，心裡有些不是滋味。

接著，梅公又找了一位債務人，對他說：「我當然知道你很窮，但是欠債還錢是天經地義的事，你快把老婆孩子賣了，然後拿著銀子來見我吧！不過，我身爲地方父母官，怎忍心讓你妻離子散呢？所以就寬限你一天吧！今夜，你回家和妻子兒女告別，明天就狠下心把他們賣了吧！」

這名債務人聽了這話，更加悲痛、哭泣不已。那個貴族也傷心地落下了眼淚，對縣令說：「算了，我不要他們還債了！」並當場焚毀了債券。

從此以後，那些豪門顯貴們討債時，都知道要寬大地對待債務人了。

在上面的故事裡，若是梅公以理來說服貴族，可能不但無法成功幫助那些債務人，反而還會得罪那位顯貴。但是，梅公聰明地從情感上下手，先讓貴族有同理心、了解負債者的痛苦，進而使貴族了解到自己應該寬大地對待欠債的人，這正是善用「情感」說服人的成果。

同理，當我們在勸說過程中，也要善於使用情感說服人，而別只想透過強硬的理論或證據逼使對方同意自己的觀點。這樣不但無法達到說服的目的，對方一怒之下，還可能使談判破局，那時可就後悔莫及了。

厚黑智典

無論什麼時候，都沒有必要用諷刺的話去嘲笑或刺激別人，這只會使你增添敵人。

——特里豐諾夫

活用弱點，就是致勝的關鍵

一個人若能深入了解自身的弱點，並正確地加以利用的話，弱點常可以轉成為你贏得勝利的優點。

在戰場上，一個指揮官的不足之處，甚至是生活習慣和性格上的弱點，都會成爲對手利用或突破的重點。相對的，指揮官自己若善加利用這些的弱點，反而更容易使敵手誤判情況，掉入事先準備好的陷阱之中。

中國著名的章回小說《三國演義》中，就有這樣一個例子。

在《三國演義》裡，張飛與酒結下了不解之緣，幾乎是逢酒必飲、每飲必醉、每醉必出事端，不是打人就是誤事貪杯，可以說是張飛的一大弱點，而這個弱點更多次給予對手可乘之機。

例如，在第十四回的劇情中，張飛駐守徐州時，劉備曾一再叮囑張飛不要飲酒，但劉備剛走，張飛就大飲特飲起來，酒後還痛打曹豹，結果使呂布乘機殺進城來。最後，張飛的酒還沒醒，就把徐州城給丟了。

然而，隨著張飛的性格與處世手腕逐漸成熟後，活用自己的弱點反而變成麻痹、迷惑敵方的一種招數。例如，張飛在宕渠山戰張郃這場戰役中，就充分表現了這一點，頗能給人啓迪。

張飛在巴西一帶戰勝張郃之後，揮軍乘勝追擊，一直趕到宕渠山下，但是，張郃利用地形據川守寨，堅持不出兵對戰，一連「相距五十餘日」。面對僵峙的狀況，張飛無計可施，於是就在山前紮營，每日飲酒，而且酒醉就坐在山前辱罵敵方。

劉備得知後大驚失色，急忙找孔明商議，可是諸葛亮不但沒有驚慌，反而立即派魏延送去三車好酒，還在車上插著「軍前公用美酒」的大旗。

張飛得到美酒之後，不但自己狂飲，還把美酒擺在帳前供軍士們共飲。

張郃在山上見到這種情景，再也按捺不住出營殺敵的心情，帶兵連夜趕下山，直襲蜀營。當張郃衝進張飛的營帳時，只見帳中端坐著一位大漢，因此張郃舉槍便刺，哪知那只是個草人。結果，魏軍誤中了張飛的埋伏，張郃被打得大敗而歸，曹軍的宕渠寨、蒙頭寨、蕩石寨全被張飛奪得。

每個人在生活習慣與性格上都有缺點和弱點，若能改正當然最好，但如果不行，善用自身弱點設下計謀，使敵手誤判形勢進而掉入陷阱中也是不錯的做法。像張飛素以飲酒誤事聞名，但宕渠山之戰中，他卻利用「喝酒誤事」這個缺點把驍勇善戰的張郃誘出了大寨，眞可說是酒中出奇謀啊！

由此可見，一個人若能深入了解自身的弱點，並正確地加以利用的話，弱點常可以轉成爲你贏得勝利的優點。

厚黑智典

對於正面的敵人，我總能應付，但是對於來自背後的襲擊，我卻總是不能保護自己。

——麥克阿瑟

要成熟幹練，也要保持威嚴

一個成熟幹練、彬彬有禮的領導者才是屬下心目中最完美的上司。當部屬的表率，嚴以律己是領導者不可或缺的馭人之術。

身為領導者，不論管理的部屬人數有多少，做任何事都應該比屬下更成熟幹練，更有禮貌，更能保持自己的風度和尊嚴。

所謂成熟幹練乃是指在不觸犯任何人的前提下，適時地把話說得圓滿或把事情做得得體的一種能力，而要想處事成熟老練，就必須非常了解人性，要站在對方的立場，設身處地為別人著想。

此外，禮貌也是處世成熟老練的一部分。無論與上司打交道，還是與下屬打交道，都不能有不客氣、不禮貌的表現，也就是和任何人來往都必須以禮相待。

如果你希望別人對你以禮相待，你就得以禮待之，否則，你就會顯得傲慢、顯得瞧不起人、顯得缺乏教養。

下面是四種可以用來發展處世成熟老練和禮貌的技巧：

一、儀表要永遠顯得愉快、樂觀。

二、凡事多為他人著想。

三、多向善於處理人際關係的人學習，反覆研究他的處世方法。

四、對人要保持寬容忍耐的態度。

除了處世老練、保持禮貌外，身爲一個領導者，還要保持應有的尊嚴；想要樹立個人榜樣，想要建立光輝的形象，就需保持尊嚴。

許多人認爲，尊嚴是只有首長、企業家等一些大人物才需要保持，他們似乎總給人表情凝重、不苟言笑的感覺，還經常穿著參加葬禮時那樣的黑色西服、打著深色系領帶，但事實上這只是嚴肅，根本算不上是尊嚴。

尊嚴是表現出一種高尚且令人尊敬的狀態，即意味著一個人在任何時候都完全具備控制自己感情的能力。

一個人若是說話粗暴、言語低俗下流，老是飲酒過量，生氣的時候完全失去控制感情的能力，都是有失尊嚴的表現。一般說來，這種人很快就會失去屬下對他的尊敬，這也說明他不配作一個領導者或是一個上司，即便他現在還在上位，恐怕也不會長久，而且一旦他失去屬下對他的尊敬，要想再恢復幾乎是不可能的。

一個成熟老練、彬彬有禮、風度翩翩的領導者才是屬下心目中最完美的上司。因此，當部屬的表率，嚴以律己才是領導者不可或缺的馭人之術。反之，有頭無尾、放任自己則是領導的大忌，必定無法在下屬面前建立權威感，而沒有權威的領導者，又怎能統率他人呢？

厚黑智典

唯有當我們從富翁淪為窮光蛋的時候，困境才會告訴我們誰是朋友，誰是勢利小人。

——德萊頓

有上進心，才能邁向成功

你必須站在對方的立場，了解對方的想法，並且給予高度的評價與信賴，這是促使人們賣力工作的有效辦法，可以運用在各種場合中。

能夠促使屬下積極完成任務的方法是什麼呢？

成功的領導者會說：「要使屬下是基於本身意願而去完成任務。」

的確，這才是命令的最高境界。屬下本身即使想要往右前進，但如果領導者命令他「往左走」時，他也只能服從，但心中還是會不服；不過，如果領導者不需下達指令，就能使屬下本身認爲「應該往左走」，那就是最理想的狀態了。

在這種情況下，屬下必定是積極、意志高昂，並且能夠發揮更好、更大的能力來達到上司的要求；下屬也會因此得到充實感與滿足感，即使工作迫在眉睫，也能從容不迫地完成。

只是，如何才能達到如此完美的境界呢？以下介紹幾種方法：

• 要使屬下有責任感

你可以試著以誠懇的態度對屬下說：「這件工作就拜託你了！希望你能好好完成它，大家都拭目以待。」如此，下屬便會深受感動，更會感到自己對這件事的成敗與否有極大的影響力，因此就會努力振作、全心投入工作中。

• 激起屬下的英雄氣概

當你與屬下商討問題時，你可以故意說：「眞傷腦筋，這個問題不知道該如何解決，你有沒有什麼好的點子？」

如果此時屬下回答：「如果這麼辦，應該可以！」你就趁勢追擊，並且鼓勵他：「這是一個好方法，那這件事就交給你囉！」

• 喚起下屬的自尊心

當屬下未將事情辦妥時，你可以刻意對屬下說：「這件工作果然很難辦，我看算了！」或是「這件工作果然還是要由某某來做才行吧？」然後詢問他的意見。

此時，若對方是個自尊心強的人，相信他會拍胸脯保證說：「這種工作我也可以勝任啊！」然後便會更心地投入工作中。

若是下屬欠缺這種勇於任事的魄力，那你就可以明白他不是適當人選，最好還是不要讓他負責比較妥當。

以上三個辦法都是爲激起下屬的意志力而使他們聽命於領導的策略。你必須站在對方的立場，了解對方的想法，並且給予高度的評價與信賴。

日本有句諺語說：「豬受到鼓勵也會爬上樹。」相信這也是促使人們賣力工作的有效辦法，你可以將這個原理運用在各種場合中。

厚黑智典

有時誇獎會糟蹋一個人，再怎麼堅定的人，如果誇獎得讓他失去知覺，他也會背離正路。

——奧斯特洛夫斯基

自制力不佳，辦事一定差

一旦情緒失控，不但無法建立起領導者的權威形象，屬下也易心生不滿，整個組織的效率必然很差。

無法控制自我情緒的人，將永遠無法控制別人。自制力能使領導者樹立良好的典範和形象，並能更有智慧去判斷事理。相反的，拒絕或忽視自制力的人，實際上是把成功的機會葬送掉了。

某人某次和辦公室大樓的管理員發生了一點小誤會，這場誤會使兩人對彼此憎恨，最後演變成一種激烈的敵對形勢。這位管理員爲了表示自己對對方的不悅，當他知道整棟大樓裡只有那人在辦公室裡工作時，就會把大樓的電燈全部關掉。這種情形一連發生了幾次，最後那人也發現了，他無法控制自己的憤怒，決定進行報復。

有一個星期天，當他在大樓裡的圖書室裡準備演講稿時，電燈又熄滅了。

他立刻跳了起來，奔向一樓管理室。他找到這位管理員，對他破口大罵，一連罵了五分鐘之久。最後，他實在想不出什麼罵人的詞句了，只好放慢了速度。

這時，那名管理員站起身來，轉過頭去，臉上露出開朗的微笑，並以充滿鎮靜及自制的溫和聲調說：「啊，你今天比較激動呢！」

這時，那人才發現管理員也點著蠟燭，那代表是整棟大樓都停電了。

管理員這句話就像一把銳利的短劍，一下子刺進這人的心中。這人一直自稱是個有知識、有涵養的心理學者，但卻被這個對文學及哲學一無所知的管理員說得啞口無言，只好轉過身，以最快的速度回到辦公室。

他把這件事反省一遍之後，立即了解了自己的錯誤，知道是自己無法控制情緒才會如此。他決定向那個管理員道歉，於是又回到地下室，找到那位管理員。管理員仍然很鎮靜，以平靜、溫和的聲調問他：「你還有什麼事嗎？」

他告訴管理員自己是來道歉的，那位管理員笑著說：「你用不著向我道歉。反正這裡除了這堵牆壁，以及你和我之外，並沒有人聽見你剛才所說的話。我不會把它說出去的，我知道你也不會說出去的，所以就算了吧！」

這句話對那人的刺激遠甚於管理員第一次所說的話，他了解到自己控制情緒的能力有多麼差，也了解到一個人一旦失去了自制力，便會把事情搞砸。

由上述例子可以知道，如果你無法控制自己的情緒，忽視自制力的重要性，不僅會傷害別人，還會傷害自己。

尤其是領導者每天要面對那麼多下屬，要分配協調那麼多工作，一旦情緒失控，不但無法建立起領導者的權威形象，屬下也易心生不滿，整個組織的效率必然很差，如此，即便你是個很有能力的領導者，還是無法好好統帥屬下的。

厚黑智典

人的存在，就像簍子中的一堆螃蟹，縱橫交錯，息息相關，又互相傷害。

——三浦綾子

輯 6.

有才華，
也要懂得生存的方法

才華橫溢的人容易有恃才傲物、好高騖遠，
如果你自認是個才華洋溢的人，
就必須更加熟悉職場的生存法則，
以免自己落得悲慘的結局。

設法讓同事對你又敬又畏

唯有讓你周遭的同事對你又敬又畏，你才能順利指揮他們，把他們當成向上躍昇的跳板。

日本作家三浦綾子曾說：「人的存在，就像簍子中的一堆螃蟹，縱橫交錯，息息相關，又互相傷害。」

人活在世上，不管做人或做事，難免要遭遇許許多多「人性習題」。成功者並非比失敗者有腦筋，只不過他們面對「人性習題」，取捨之時，比失敗者多了一點心機。

有一部電影裡頭有一段靠著露出「絕活」而樹威的情節。

一位長相清秀的年輕女警官到一個人才濟濟的警察局擔任督察，男警員們見了她，都面露鄙夷不屑的表情，而且有意無意地在言行之間吃她「豆腐」。

這位女警官初到陌生的警局，面對這些喜歡「揩油」的小人只能忍氣吞聲，不過，她很快就利用機會扳回劣勢。在一次射擊訓練中，她掌握契機展露精準的槍法，把那些男性同事們都給「鎮」了。

射擊訓練中，每個人依序各擊十個飄浮氣球，男性警官中成績最好的一位才擊中五個，有的甚至一槍未中。

輪到這位女警官射擊時，她泰然自若地從腰間拔槍，「叭，叭，叭……」連發十槍，槍槍命中，頓時全場鴉雀無聲，只有氣球的碎片在衆人的面前飛舞。

這種景象正是「此時無聲勝有聲」。從此以後，大家都對她敬畏有加，不敢再表現出輕薄造次的行徑。

很多人認爲，當一個上班族或領導者只要有修養和內涵，就可以不注重如何表現自己的才能。

也有的人認爲，只要踏踏實實地做事，老老實實做好自己的分內工作就夠了。

殊不知，這種厚道的想法只會使別人將你看成無能的人。

心理學家告訴我們，在很多時候，位居領導地位的人，威信往往是經由「旁門左道」而樹立起來的。

一個人初來乍到某個態勢不明的新地方，往往就是樹立自己威信，讓小人服服貼貼的最關鍵時刻。

如果你能像故事中的女警官，適時露出幾手自己拿手的絕活，別人對你的觀感和態度就會立即改變，很多難題也會迎刃而解。記住，唯有讓你周遭的同事對你又敬又畏，你才能順利指揮、利用他們，把他們當成向上躍昇的跳板。

厚黑智典

當人們相信你之後，你說的事實才會成為事實，但如果他們不知道你在說什麼，他們就無法相信你。

——威廉·伯恩巴克

利用「共通點」拉近彼此的距離

只要找到正確的切入點，就算是完全陌生的兩個人，也會因為這個小小的共通點而更加親近，獲得支援。

耍點心機往往是讓問題迎刃而解的最佳捷徑。在這個爾虞我詐的社會裡，掌握做人做事技巧，無疑是現代人求生必備的訣竅。

有位名叫哥德思的年輕人，創辦了一份婦女雜誌，但是，只要是稍有名氣的作家，都不願意幫這本小雜誌撰寫文章。

當時，有位著名的作家亞爾考德女士，她的作品非常受到歡迎。

但是，不久之後，這位女作家卻和哥德思成了莫逆之交。

很多人都問哥德思，究竟是用什麼方法爭取到亞爾考德女士的支持？

原來，哥德思經過調查後得知，這位女作家非常熱心於慈善事業，於是他就從參與慈善事裡著手，慢慢地與她建立交情。不久，哥德思邀她寫文章，爲表示誠意，還以一百美元捐贈換取一篇文章，以贊助她的慈善事業。

其實，哥德思只是把稿費的名稱換了一下，而這個贊助慈善工作的名義，不僅讓亞爾考德女士感到十分親切，也慢慢地對哥德思和他的雜誌產生了好感。

哥德思的雜誌因爲有了亞爾考德女士的支持，終於漸漸地打出了知名度。

另外，紐約有位頗負盛名的編輯，名叫肯敏思，也因爲懂得運用彼此的「共同點」而獲得自己想要的工作。

在十八歲那年，他來到了紐約，希望在這裡找到他夢想中的編輯工作。但是，想在這個競爭激烈的大都市裡找到一份工作，其實並不是件容易的事。

在履歷上，肯敏思唯一的專長，便是印刷廠裡的排字工作。

不過，他知道《紐約新聞》的現任老闆格里萊，小時候也和自己一樣有著相同的經歷，因此他自信地料定，格里萊會因爲這一點而錄用他的。

沒想到，眞的被肯敏思給料中了，他果然被錄取了。

格里萊從肯敏思的身上看到了過去的自己，使他對肯敏思產生了同情，甚至有了扶持相助的心理，當然，這正是肯敏思所希望得到的。

人與人之間要拉近距離，眞的需要花點心思，不管是從相同的學經歷來親近，還是以投其所好的方式拉近距離，在人際關係的經營上，本來就需要花費許多心思，才能從中獲得更多的協助和機會。

只要找到正確的切入點，就算是完全陌生的兩個人，也會因爲這個小小的共通點而更加親近，獲得支援。

厚黑智典

不懂得動腦的人，就好像在下雨的夜晚，開著沒有雨刷的車在高速公路上行駛一樣，隨時可能遭遇不測。

——亞歷山大．希亞姆

腳踏雙船最安全

如果你同時與兩位上司共事，而這兩位上司之間情若冰炭，勢同水火，你就不得不考慮「腳踏兩條船」的技術性問題。

想要在既現實又複雜的職場叢林活下去，有時候要學會「腳踏兩條船」的本領。

說到「腳踏兩條船」，很多人會皺著眉頭說，這豈不是騎牆派的做法嗎？跟用情不專的人有什麼兩樣？

其實，這是一種很大的誤解。

第一，職場不是情場，上司也不是你的愛人；腳踏兩條船只是適當地分散風險，而且在實際工作領域中，這是經常碰到的事。

第二，所謂的「腳踏兩條船」是指在晉升之途是窮凶極惡的，絕對不要逼自己一直走在鋼絲上，否則可能遭到不測。

法國的奧塞多維亞先生是世界上聲名赫赫的走鋼絲的專家，但是最後卻從橫跨兩座山之間的鋼絲上摔下，跌落山谷而亡。

奧塞多維亞曾於一九九七年走過固定在長江三峽兩岸的一根鋼絲，也走過無數次世界著名高樓大廈上的鋼絲，可是他最終還是粉身碎骨了。

在人生旅途中，千萬不要學奧塞多維亞那樣，爲了要展現藝高膽大，而一直將自己置於高度危險的環境。

我們不能死心塌地跟定一個上司。因爲，在很多時候，上司之間的關係極爲微妙，或者變幻莫測。

如果你同時與兩位上司共事，而這兩位上司之間情若冰炭，勢同水火，你就不得不考慮「腳踏兩條船」的技術性問題。

如果你不這樣未雨綢繆，而是選擇跟定其中某一人，一旦有什麼閃失，那麼另外一位就會藉機將箭頭瞄準你，置你於「死」地，而你效忠的對象則有可能將你當成「擋箭牌」，任憑你白白犧牲。

但是，想要腳踏兩條船必須踏得巧、踏得妙，否則極容易落水溺斃。

你不能赤裸裸地表明這樣的態度——你們兩個之間的事，我根本就不想捲入，哪個我都不想得罪。

擺明這種態度的話，他們兩個可能都不會對你有好感。

他們或許會認爲你表面這樣說，實際上是和另一方暗中「勾結」，或許認爲你就像寓言故事裡的蝙蝠一樣，是個騎牆觀望的投機傢伙。

結果，你就眞變成了寓言裡的可憐的蝙蝠，兩邊都不要你，兩邊都不理睬你，有什麼機會或好處也輪不到你。

明智的辦法應該是，要儘量協調他們之間的矛盾，至少不要在他們中間搧風點火，擴大事態。

而且要經常和他們溝通，表示自己夾在中間處境十分爲難。

如果甲上司叫你去做某事，你明知乙上司會反對，那麼你就應該主動跟乙上司談談，告訴他這是甲上司的意思，與他研究應該怎麼辦，有沒有不妥之處。

在這種情況下，乙上司就很容易理解你的苦衷，即使你照甲上司的意思去做了，他也不會因此而忌恨你。

如果乙上司堅決不同意甲上司的意見和做法，那麼，他也不會把這個問題推給你，他會直接找甲上司交涉。

你只有這樣「乖巧」一點，才不至於成爲雙方權力鬥爭的犧牲品，才有可能左右逢源，爲自己鋪起一條金光大道。

厚黑智典

如果你不是偷保險箱裡的錢時被當場捉住，或是公開毀謗老闆，那麼，你可以在許多公司裡找到謀生的工作。

——加里．莫哈爾

接近深具潛力的上司

與其刻意巴結討好現在正春風得意、紅得發紫的上司，倒不如退而求其次，用心去接近具備創大業、做大事潛力的上司。

想要讓自己在升遷的道路走得平穩順暢，最基本的原則還要眼睛放亮點，細心觀察你目前的上司有沒有必備的領袖性格或領導人特質，能夠使他從激烈的人事競爭中殺出層層重圍。

所謂「路遙知馬力，日久見人心」，強調的就是患難時期最容易見真情，貧賤之交最難以讓人忘懷。

這層道理也可以運用在選擇追隨哪位上司。

如果你還年輕，有足夠的等待時間，那麼，就要懂得逆勢操作的奧妙，與其刻意巴結討好現在正春風得意、紅得發紫的上司，倒不如退而求其次，用心去接近現在並不走紅，甚至有些抑鬱不得志，但是具備創大業、做大事潛力的上司。

這是因爲，他現在地位不高，向上晉升的態勢還不明顯，沒有衆星拱月的優越感，願意與他接近的人並不多。

如果此時你誠心誠意追隨他，他就會對你產生感激之情，產生知遇的好感，知道你並不是那種追腥逐臭、趨炎附勢的泛泛之輩。

如果有一天他的運勢否極泰來，突然飛黃騰達了，你就極有可能是他安排人事佈局時第一個考慮到的人。

屆時，你無須多費唇舌，更無須汲汲營營鑽逢，很快就會吉星高照，獲得上司提拔重用，還會跟他在以後的共事中更加親密無間。

儘管，此時他必然終日被那些忙著交心、獻媚的下屬和同僚纏得脫不了身，但是，你仍然可以「不戰而屈人之兵」，靠著先前的運籌帷幄而「決勝千里之外」，戰勝那些臨時「抱佛腳」的人。

當然，那些急功近利、趨炎附勢、過於市儈的人，眼光不會看得那麼長遠，也很難做到這一點。

正因爲如此，你更必須具備高瞻遠矚的做人做事智慧，讓自己站得高一些，看得遠一些，那麼，成就也會超越別人。

厚黑智典

假話是社會生活中不可缺少的，因為，把自己的一切都暴露無遺的人，其人際關係，勢必置於險境。

——宮城音彌

踩著同事的肩膀往上爬

你能不能踏著同事的肩膀順利往上爬，全看你是否平常就牢牢掌握了同事的心，這會影響到他們願不願意在關鍵時刻支援你。

科學家牛頓曾經說：「如果我比笛卡爾看得遠，那是因為我站在巨人的肩膀上的緣故。」在一家公司或一個團體裡工作，想要順利獲得晉升，你也必須站在同事的肩膀上。

首先要瞭解自己目前所處的地位，還要處理好上司、部屬與同事這三者之間的人際關係，並想辦法牢牢掌握部屬和上司的心。最重要的是，你一定要摸清楚同事們的工作狀況和生活情形，瞭解他們的興趣和願望，和他們保持和諧的關係，才能借力使力，讓自己順著這條渠道，比他們更快獲得升遷。

在公司部門裡，特別是在晉升機會較少的部門，每當有職位出缺，就有許多競爭者為了晉升而勾心鬥角，擠得頭破血流，從來不會靜下心來思考如何利用同事，幫助自己達成夢想。

在職場工作，維持生活開銷和獲得成功的感覺，是上班族最終，也是最大的目的。因此，在不違背自己價值觀念、不使用權謀詐術的原則下，只要你能牢牢掌握同事的心，想要達成自己的目的，絕非困難之事。

如果你平時就能對同事表現這種寬大的胸懷，設法去瞭解他們的心思，盡力幫助他們達成目標，那麼，這些同事就會變成你最佳的墊腳石，升遷的時機一到，你就能捷足先登，踩著他們的肩膀往上往上跳，比其他人爬得更高更快。

在等待升遷的時候，為了要讓這種可能性更加篤定，平常你就必須讓周遭的同事公認你有資格成為他們的新上司。再說，要讓他們日後心甘情願為你效勞，也必須使他們對你的為人處事心服口服才行。

一般而言，人事單位在考慮是否由你晉升之前，會先徵詢其他同事的意見：「你們認爲他適當嗎？」

同事們所表達的意見，或許不會直接左右人事單位的決定，但還是會被列入人事審核的重要參酌資料。

假使人事單位所得到的答案是：「要我在他手下做事，門都沒有！」那麼，即使你最後還是晉升了，將來也無法順利地管理你的部屬。

你能不能踏著同事的肩膀順利往上爬，全看你是否平常就牢牢掌握同事的心，這會影響到他們願不願意在關鍵時刻支援你，至少不要扯你的後腿。因此，想要出人頭地的上班族，平常就要努力做好同事之間的人際關係，千萬不可疏忽。

厚黑智典

我們可以知道一個簡單的道理，那些膽敢在貓的耳朵產子的老鼠，一定詭計多端的鼠輩。

——約．海伍德

為自己選擇一個最好的跳板

就像古時候封建貴族們擁有自己領地和城池一樣，你也應該為自己好好地挑選一個有利的戰鬥位置，才能據此「攻城掠地」。

做人做事多一點心機，並不是什麼可恥的事，重點在於如何將心機運用在正確的時機。

如果你擁有比別人更加出色的才幹，常常協助別人解決難題，而且在公司擁有和諧的人際關係，你就掌握了許多可供使用的籌碼，一旦你需要幫助的時候，隨時都可以轉換成助力。

只要你不輕易浪費籌碼，久而久之，這些籌碼就會累積成一大筆無形的財產，爲自己鋪設一條平步青雲的晉升之路。

當你擁有了別人所欠缺的助力，接著就可以根據自己的專長，擬定日後的升遷目標，想辦法讓自己躋身最有利的位置。

你不妨思索：「在公司裡，最有利的職位是什麼？最不利的職位又是什麼？我要朝哪個方向前進，才能快速躋身權力中樞？」

你必須先確認自己擁有什麼樣的專長與希望獲得哪個重要的職位，然後把這個職位當成自己的跳板。

就像古時候封建貴族們擁有自己領地和城池一樣，你也應該爲自己好好地挑選一個有利的戰鬥位置，才能據此「攻城掠地」。

也許你會問：「難道別人就不會運用手腕嗎？」

不錯，很多人都同樣處心積慮地在圖謀籌劃自己的未來，想要爬到最有利的地位，握有最大的實權。

但是，你不必擔心也不用介意，因爲，整天漫無目的地過日子，毫無奮鬥目標的仍然大有人在。

有些人外表像老虎般威武勇猛，似乎行事相當敏捷、果斷，實際上卻是唯唯諾諾的好好先生，軟弱得近於羔羊。

這樣的競爭對手根本不堪一擊。

有的人雖然頭腦聰明，足以成爲你競爭上的勁敵，但是，這些人往往恃才傲物，缺乏耐心、毅力。

因此，這樣的人根本也成不了氣候，你只要能善用做人做事的巧妙手腕，成功最後必然屬於你。

厚黑智典

有許多真話，需要有人去講，可是始終沒人敢講；有許多真相，需要有人去揭露，卻始終沒人敢去揭露。

——塞繆爾·巴特勒

有才華，也要懂得生存的方法

才華橫溢的人容易有恃才傲物、好高騖遠，如果你自認是個才華洋溢的人，就必須更加熟悉職場的生存法則，以免自己落得悲慘的結局。

行駛在人性高速公路上，你必須牢牢記住做人做事厚黑法則，才不致於多走冤枉路，甚至遭遇預想不到的慘事。

在職場中我們常常會發現，才華洋溢的人往往不是成功者，而許多能力平庸的人卻在升遷過程如魚得水。

這是因爲，才華橫溢的人往往是自負的，也經常在無意中表現出恃才傲物的姿態，無法與周圍環境的人事物進行良好互動，與團隊格格不入，自然受到其他人排擠，很難有所表現。

此外，他們並非什麼都懂，還是會有不足之處，對於自己無法掌握的事，往往除了歎息就是無奈。

至於，那些才智平平的人卻由於知道自己不足之處，懂得如何待人處事，懂得如何把握升遷的機遇，懂得如何把有限的才智用在最該用的地方，反倒可以在工作場合中平步青雲。

才華橫溢的人容易有恃才傲物、好高騖遠、不願意老待在一個地方……等毛病，做事時也往往忽略別人的感受。

正因如此，著名的日本松下電器公司的用人理念是只用具有七十％能力的人，而不用業界最優秀的人。

因爲，這些人做事認眞，而且友善、謙虛，對上司和同事更具親和力。

所以，如果你自認是個才華洋溢的人，就必須更加熟悉職場的生存法則，以免自己落得悲慘的結局。

首先，要懂得與其他同事合作。

在職場上，才華只是成功的諸多要素之一，你的才華必須先融於團隊之中，與其他人的才華相互配合，形成一加一大於二的合力效應，這樣團隊才能成功，你也才可以彰顯個人的成就。

想要在現實生活中生存，要先試著去適應自己身處的環境，然後在展現自己才華的過程中，努力創造一個更加適合自己的新環境。

厚黑智典

對一個人來說，如果想要知道自己該向哪裡進攻，在哪裡據守，往哪裡撤退，別急著研究自己，必須先了解你的競爭對手。

——戴維．斯托特

小心成為被封殺的對象

一旦你攻擊他人的痛處，修養好的人雖不至於當場發作，但心中的疙瘩和怨恨往往難以抹平，你就會變成被「封殺」的對象。

一個人若想和上司、同事間建立良好的人際關係，一定要記住：保持適當距離，做事公私分明，尤其要注意不要踩到別人的痛處。

被擊中痛處，對任何人來說都是件不愉快的事。因此，不管在什麼情況下，千萬都不要去碰觸別人的痛處，這點不但是待人處事應有的禮儀，更是在職場叢林中左右逢源的關鍵。

有修養的人即使在盛怒之下，也不會擴散憤怒的波紋，但是涵養不夠的人，被激怒了，往往就會面露兇貌、口出惡言，甚至隨手拿起手邊的東西往地上摔。

某些沒有修養的人暴跳如雷的時候，還會口不擇言，用侮辱性的語言攻擊別人最敏感的隱私。

一旦你攻擊他人的痛處，修養好的人雖不至於當場發作，與你破口對罵，但心中的疙瘩和怨恨往往難以抹平，如果不幸他是你的上司或客戶的話，你就會變成被「封殺」的對象。

在公司裡，「封殺」意味著調職、冷凍、開除。

如果你是公司負責人，那麼，所謂的「封殺」就代表著對方拒絕繼續與你往來，或是「凍結關係」。

中國古代有所謂「逆鱗」的說法，強調即使面對再溫馴的蛟龍，也不可掉以輕心，肆意地欺弄牠。

傳說中，龍的咽喉下方約一尺的部位，長著幾片「逆鱗」，全身只有這個部位是逆向生長的，萬一不小心觸摸到這些逆鱗，必定會被暴怒的龍吞噬。

至於其他部位任，不論你如何撫摸或敲打都沒關係，只有這幾片逆鱗，無論如何也觸摸不得，即使輕輕摸一下也犯了大忌。

其實，每個人身上也都有幾片「逆鱗」存在，即使是人格高尚偉大的人也不例外，只是彼此的位置不一樣罷了。

惟有小心觀察，不觸及對方的「逆鱗」，也就是我們所說的「痛處」，才能保持圓融的人際關係。

厚黑智典

無形的東西：信心和態度，才是成功的決定性因素，因此，你必須先學會控制這些東西。

——赫伯．凱萊爾

別帶著有色眼鏡看人性

人性其實很簡單，你付出什麼，就會得到什麼。將「人性」複雜化，或貼上負面標籤，只會讓你得出負面的分析結果。

有許多身居高位的大人物，會細心記住一些小職員或只見過一兩次面的下屬的名字，在電梯或門口碰到時，從容叫出他們的名字。如果你也肯下這樣的功夫，一定會讓下屬受寵若驚。

人非草木，孰能無情。大部分人都講究人情味，喜歡「將心比心」，因此，你想要別人怎樣對待你自己，你自己就得先怎樣對待別人。這也就是「同理心」或「易位思考」，即設身處地爲別人著想。

在經營自己的辦公室人際網路時，千萬要記得只有先付出誠摯的眞情，才會獲得投桃報李的回應。

日本著名的企業家松下幸之助就是一個相當注重感情投資的人。他曾說過：「最失敗的領導人，就是那種員工一看到你，就像魚一樣逃開的領導。」

在創業早期，松下幸之助每次看見辛勤工作的員工，都會親身送上一杯自己泡的茶，並充滿感激地對他說：「太感謝你了，你太辛苦了，請喝杯茶水吧！」

正因爲在這些小事方面，松下幸之助都不忘記表達對下屬的感激和關懷，因而獲得了員工們一致擁戴，每個人都心甘情願地爲他效力，設身處地爲他著想。

人性其實很簡單，你付出什麼，就會得到什麼。將「人性」複雜化，或貼上負面標籤，或者戴著有色的眼鏡去看「人性」，只會讓你得出負面的分析結果，替自己的工作和生活帶來一些不良影響。

不管現今的社會如何現實，有時候，誠懇親切地對待同事或下屬，仍然可以輕而易舉地解決你長期以來都感到棘手的問題。

譬如，你以命令的語氣要員工去做某件分外的事情，他或許會找各種理由推託，或者婉轉地要你找別人做，甚至「大義凜然」地以這不是自己分內工作而拒絕，讓你當場難堪不已。但是，如果你誠懇地說一聲：「請你幫個忙，好嗎？」問題就有可能迎刃而解。

誠懇親切的態度會傳達出人類與生俱來的，或許是潛意識裡面的認同感。因為，那是一種彼此珍視的共鳴，或者說，那是對「人性」——人不同於其他物種的特性的一種呼喚。

厚黑智典

求職的時候，面對老闆，你必須去刺激他、說服他，而且要吹噓一番，不然，你就沒機會了，相信我。

——吉伯特

輯 7.

摸清辦公室裡的相處之道

自命清高的人，
往往就是辦公室裡惹人討厭的傢伙，
由於不懂得應對進退之道，
最後終將在劇烈而又爾虞我詐的競爭中失敗

識時務才能開創人生版圖

只要別一窩蜂地跟著所謂潮流或別人的腳步走，因為，那些只懂得一窩蜂的人，絕大多數都是以失敗作為結局。

知道自己的實力到達哪裡，也知道自己的弱點在哪裡，這兩項是我們發展自己人生版圖最重要的認知。

遇到實力比自己強壯的對手，應該明知時務，避實就虛，另外尋發展的道路，而不要做無謂的拼鬥，那樣只會弄得兩敗俱傷。

國際知名的路透社創辦人路透，轉移陣地到倫敦營業之前，曾有一段時間在德國的古城亞琛從事通訊社的經營工作，這裡正是奠定他未來成功的重要基礎。

一八四八年，普魯士政府正式開通了從柏林到亞琛之間的電報線，並同意開放供商業通訊使用。於是，利用柏林與亞琛之間的電報線從事服務，成了一項最有利可圖的事業，路透得知這個消息之後，決定要抓住機會，開創一番事業。

他趕到了柏林，想要效法法國新聞界名人哈瓦斯創辦通訊社，不過在這之前，沃爾夫通訊社的人卻已經搶在他的前面，在柏林建立了「沃爾夫辦事處」。

由於沃爾夫的經濟實力相當雄厚，再加上有著和路透一樣精明的頭腦與才幹，面對這樣的對手，路透知道自己根本無力挑戰，即使勉強經營，也只能疲於應付，難以有更大的創新和作為。

於是，他決定放棄在柏林的發展。

不過，路透一點也沒有氣餒、絕望，在柏林碰壁之後，立即又趕回亞琛，幸運的是，在亞琛這項生意還沒有人開始。

於是，路透立即開辦了獨立經營的電報辦事處，勤奮不懈地廣泛搜集當時歐洲各主要城市的每一項行情快訊，彙整編輯成「路透行情快訊報」。

路透盡可能地利用最快的交通工具，將報紙提供給分散的訂戶，由於他不辭辛勞地奔走，名聲逐漸傳了開來，經過一段時間之後，他的市場居然佔去了大半，許多人都爭相訂購，路透也終於在報訊業中，站穩了自己的地盤。

走在人生道路上，很多時候要像路透一樣，懂得避實就虛、迂迴前進，這正是做人做事策略中相當重要的一環。

別一窩蜂地跟著所謂潮流或別人的腳步走，因爲，那些只懂得一窩蜂的人，絕大多數都是以失敗作爲結局。

人生最重要的一件事就是選擇自己可以成功的道路，才不會蹉跎一生，一事無成。路透的成功故事要告訴我們：「要做就要做獨一無二的事，只要多運用你獨一無二的創意，發現獨一無二的商機，那麼成功必定是你的！」

厚黑智典

如果你能夠把諂媚的花言巧語讓人聽起來變成坦率懇切的苦口良言，那麼你就離成功不遠了。

——喬叟

出奇制勝，才是成功的捷徑

人是善變的，任何一種產業都在不斷改良以適應市場不斷改變的需求，所以應該出奇制勝，用自己獨到眼光去發現別人未做過的事業。

許多人都抱怨自己比別人聰明能幹，但就是因爲欠缺機會和運氣，日子才會過得不如意，但眞的是如此嗎？

在瞬息萬變的競爭社會裡，與其把時間浪費在開會、空談上，不如把握時機，當機立斷，發揮自己的決斷力，才能搶先一步，贏得先機。

十九世紀中葉，美國加州出現現一股尋金熱，許多人都懷著發財夢爭相前往。

當時，一個十七歲的小農夫亞默爾也想去碰碰運氣，然而，他卻窮得都連船票都買不起了，只好跟著大篷車，一路餐風宿露趕往加州。

到了當地，他發現礦山裡氣候乾燥，水源奇缺，而這些尋找金子的人，最痛苦的事情便是沒水喝。許多人一邊尋找金礦，一邊抱怨：「要是有人給我一壺涼水，寧願給他一塊金幣！」或：「誰要是讓我痛痛快快地喝一頓，出兩塊金幣也行。」

這些牢騷，居然給了亞默爾一個靈感，心想：「如果賣水給這些人喝，也許會比找金礦賺錢更容易。」

於是，他毅然放棄挖金礦的夢想，轉而開鑿渠道、引進河水，並且將引來的水過濾，變成清涼解渴的飲用水。

他將這些水全裝進桶子裡或水壺裡，並賣給尋找金礦的人們。

一開始時，有許多人都嘲笑他：「不挖金子賺大錢，卻要做這些蠅頭小利的事業，那你又何必離鄉背井跑到加州來呢？」

對於這些嘲笑，亞默爾毫不爲所動，專心地販賣他的飲用水，沒想到短短的幾天，便賺了六千美元，這個數目在當時是非常可觀的。在許多人因爲找不到金礦而在異鄉忍饑挨餓時，發現商機而且善加運用的亞默爾，卻已經成了一個小富翁。

在經營的策略上，不要一窩蜂跟著流行，這樣只會把市場的惡性競爭提高，在相互砍價的割喉戰之後，不但損失了品質，到後來還會入不敷出，導致投資失敗，面臨破產的危機。

凡事都要想到別人還沒有想到的一面，方法也必須講求創新，因爲人是善變的，任何一種產業都必須不斷地改良，以適應市場不斷改變的需求。

有人說：「凡事第一個去做的人是天才，第二個去做的人是庸才，第三個去做的人是蠢才。」但是，我們偏偏看到，有的人即使編號第一千萬個，即使擠破頭也改不了一窩蜂的本性。其實，想成功就應該出奇制勝，用自己獨到眼光去發現別人未做過的事業，這才是成功的捷徑。

厚黑智典

了解競爭對手的實力比了解自己的實力更為重要。打仗的關鍵，在於你該針對競爭對手採取什麼戰術，而不是拿戰術來配合自己。

——賴茲

設法當喜鵲，不要當烏鴉

上班族想要出人頭地，必須獲得老闆青睞；想得到老闆的注重，首先就得做個「有聲音的人」，要設法讓自己當喜鵲，不要當烏鴉。

在這個現實殘酷的世界上，哀怨的「上班奴」到處都是。

許多上班族全心全力地投入工作，幾年之後才猛然發現，儘管自己做牛做馬累得半死，別人卻視若無睹，尤其是掌管加薪和升遷大權的老闆，似乎從未當面誇獎過你，甚至連自己的姓名都不太記得，因而有滿腹的牢騷和哀怨。

但是，這樣殘酷的結果，並不完全是老闆的過錯。

這些哀怨的「上班奴」是否曾經換個角度想過：以一個粗具規模的公司而言，

上上下下、裡裡外外，有多少人、事、物要老闆操心過問，如果自己並不起眼，那麼遭到漠視，不正是理所當然的事嗎？

因此，上班族想要出人頭地，必須獲得老闆青睞；想得到老闆的注重，首先就得做個「有聲音的人」。

記住，當你完成一件很棘手的任務時，第一得立刻向老闆報告，讓他知道你有一個好腦袋和快刀斬亂麻的能力，不光只是會吃飯當米蟲。

不要扭扭捏捏地認爲這種行徑是邀功，要告訴自己，這個行爲正面的解釋是：「我是在減輕老闆的壓力，你瞧，老闆聽了我的報告，不但不再爲了這件事頭痛，而且笑得很開心。」

千萬要記住，人都是喜歡報喜、不喜歡報憂的，因此，要設法讓自己當喜鵲，不要老是等出了紕漏才畏畏縮縮地前去找老闆想辦法。

做老闆的都喜歡聰明能幹的下屬，如果你讓老闆知道你一直都很精明幹練的話，即使偶爾不小心惹了一點麻煩，老闆也能夠諒解。

哀怨的「上班奴」之所以哀怨而且討人厭，是因爲他們通常是自命清高、不愛接近老闆的人，有好消息時認爲老闆自然會知道，而不去向老闆報告，每次找老闆時就是報告壞消息。

這樣一來，老闆一定不希望見到這些人，因爲他們一出現就代表著不會有什麼好事，而且心中必然認爲，這些平日自以爲是的人是惹人厭的烏鴉，恨不得想盡藉口把他們趕離自己的視線。

厚黑智典

自我懷疑，就像是聯合敵人來對付自己一樣，注定會失敗，因為自己就是第一個相信自己會失敗的人。

——大仲馬

怎麼和上司交談最妥當？

透過察言觀色去瞭解上司的個性，並不是代表著曲意迎合，而是運用心理學讓自己事半功倍的應對方式，使自己在升遷過程佔得先機。

多花點心思，往往會讓問題迎刃而解。在這個人人都想出人頭地的社會，掌握做人做事技巧，無疑是脫穎而出的先決條件。

在職場想要出人頭地，除了必須掌握做人做事的基本原則之外，如何與上私交談是個重要的關鍵。

一個優秀的下屬只要能瞭解上司的個性，以尊重和謹慎的語氣，選擇有利時機，保持不卑不亢的態度跟上司交談，那麼必定能與上司進行成功的互動，對自己的日後升遷大有助益。

一般說來，當一個人與自己熟識的同事、同學、朋友或是下屬說話時，表現都會比較正常，行爲舉止也會比較自然、大方，但是，當他與比自己身分、地位、職位較高的人交談時，心裡就可能感到緊張，表現得較拘謹、不自然，也因此常常犯下不該犯的失誤。

譬如，有的人因爲有所顧忌，不敢在自己的上司面前暢所欲言，以致於時常脫口說了一堆不知所云的廢話，但是在自己的下屬面前講話，則可以思路清析、條理分明地侃侃而談。

又譬如，有的人在一般人面前總是擺出一副自信能幹的架勢，可是一見到有權有勢的人就顯得十分馴服，一副唯唯諾諾的模樣。

如果你也有這種毛病，那麼記得以後和上司說話時，就要避免過分膽怯、拘謹、服從，不要用唯唯諾諾的態度講話，而要儘量以生動活潑的語言和沉著自信的態度來表現自己的看法。

因爲，說話時候的態度和內容，不僅會影響上司對你的觀感，有時還會因此影響你的工作和前途。

此外，跟上司說話時，態度一定要尊重、謹慎，但不能一味奉承迎合，因爲這種卑微的姿態只會損害自己的人格，根本得不到應有的重視與尊敬，更可能引起上司的反感和輕視。

其實，只要你擁有超過一般同事的才華與能力，能以不卑不亢的態度跟上司交談，而且在工作上能夠敏銳快速地根據事實與理論，表現自己獨到的觀點，反而更能獲得上司的賞識。

再者，掌握上司的個性也是一個重要的課題。

必須記住，層級再高的上司也是平常人，也有個性、愛好與生活習慣……等。例如，有的上司的性格十分爽快、乾脆，會直接表達自己的好惡，有些則顯得沉默寡言，凡事思考再三，不輕易將自己的想法說出，因此，面對不同性格的上司，要有不同的應對方式。

透過察言觀色去瞭解上司的個性，並不是代表著曲意迎合，而是運用心理學讓自己事半功倍的應對方式。

當你清楚自己的上司是怎樣的人時，懂得順著他的慣性思考去談論事情，往往能順利得到他的認同，使自己在升遷過程佔得先機。

除此之外，與上司談話還要選擇最恰當的時機。

因爲，上司從早到晚要考慮的問題、要下決定的事很多，所以，千萬不要笨到他正在處理重大事情時，提一些瑣碎的事務去打擾他，應該根據問題的重要與否，選擇適當時機加以反應。

厚黑智典

我相信，耶穌基督今日在世的話，肯定是一個全國性的廣告主。他在他那個時代就是一個大廣告主，他把他的一生看作一個事業。

——布魯斯·巴頓

放下架子，才能讓部屬變成墊腳石

不管下屬多麼愚蠢，發生什麼過失，你都要放下架子，忍下心中的怒氣，這樣下屬才會向你敞開心扉，成為你更上一層樓的重要助力。

上司與下屬之間的談話，也是辦公室裡重要的交流活動，只有雙方在思想和感情上得以順利溝通，才談得上成功的交流。

如果你是一個部門主管，與下屬談話之時，要儘量避免以自鳴得意或是命令、訓斥下屬的口吻說話，否則，萬一下屬心生怨懟之餘挾怨報復，暗中扯你的後腿，你得意的日子恐怕不會太長久。

正確的做法是，不管下屬多麼愚蠢，發生什麼過失，只要不到叫他捲鋪蓋走路的程度，你都要放下架子，忍下心中的怒氣，以心平氣和的方式對待他們。這樣下屬才會向你敞開心扉，成爲你更上一層樓的重要助力。

如何傳達自己的意思，讓下屬覺得你是一位英明果斷的上司呢？

除了談話內容必須言之有物之外，還得透過語氣、語調、表情、動作……等方式來表現，讓他們確實明白你的想法和工作目標。

不要以爲這是屬於個人習慣的小細節，不會影響到你與下屬的交流、互動，實際上，這往往關係到下屬是否敢與你接近，是否會成爲你忠實的工作夥伴。

此外，即使再生氣，像「你們到底在搞什麼鬼？」「有像你們這樣笨的人嗎？」這類傷人的話語或口氣，都不應該脫口而出。這些惡言惡語只會製造彼此的裂痕，拉大彼此的距離。

當你在發表評論時，也應當掌握好分寸。因爲，即使你只是不經意地點個頭或搖個頭，也都會被下屬認爲這代表著你的觀感，所以，輕易的表態或過於絕對的評價，都容易造成彼此溝通的失誤。

因此，當下屬進行工作彙報時，身爲上司的你只適宜提一些問題，或說一些一般性的鼓勵話語，像「這個構想很好，可以多參考其他人的意見」「繼續加油，等有了具體的結果，我們再做深入討論」……等等。

如果你覺得下屬的工作彙報有所不妥時，表達更要小心謹慎，盡可能採用勸告或建議性的措詞：「這個問題能不能有別的看法，例如……」「不過，這是我個人的意見，你們可以參考參考」「建議你們看看最新資料，看看有什麼辦法？」

因爲，這樣的話語能達到激發作用，較容易被對方接受。

厚黑智典

如果你搭乘的火車駛在錯誤的鐵路上，你所到達的每一個車站，都是錯誤的車站。

——伯納德·馬拉莫德

掌握別人對你的第一印象

懂得在第一時機將自己的最好一面表現出來，讓周遭的同事留下良好的第一印象，自然遠比那些不懂如何表現自己的人更接近成功之路。

一個人成爲社會的一分子，進入職場工作之時，接觸頻率最多的就是周遭的同事。因此，懂得一開始就在別人心目中留下良好印象，而又善於處理同事關係，能巧妙贏得同事支援的人，工作和升遷過程自然順利。

二十世紀最偉大的成功學大師卡耐基曾說：「良好的第一印象就是人際關係的通行證。」其實，不僅僅在人際交往方面，想要順利遊走職場，良好的第一印象也是一張相當重要的門票。

因爲，人性當中有個牢不可破的弱點就是，在和一個初次見面的陌生人應對時，往往都會暗自打量對方的言行舉止，並且不知不覺間就給對方戴上「這個人很難纏」、「這個人很討人厭」或是「這個人很直爽」……之類的帽子。

其實，第一印象往往是我們拿對方跟自己的特質相互對照，並且衡量對方的外表、容貌、行爲模式、穿著打扮……等基準，所產生的觀感。

儘管第一印象並不一定正確，但是在人際關係卻很重要的，因爲當我們留給對方的第一印象是很難改變的。彼此互動的時間可能不到一個小時，想要進行修正卻必須耗費幾個月，甚至是幾年的時間。

美國心理學家羅勃特．費爾曼曾經長期對所謂的「第一印象」進行深入研究。他指出，在第一次會面之後所得到的有關對方的印象，往往會影響你對這個人的觀感，而且這種觀感日積月累之下，就會形成一種牢不可破的評價。

因此，一個人如何爲自己留下良好的第一印象是非常重要的。良好的第一印象會讓你少奮鬥幾年；第一印象不好的話，日後想要挽回，恐怕就得費盡九牛二虎之力。

初到一個新環境，正常人都會因爲陌生而感到緊張，不過，只要你掌握住每個人都有「先入爲主」這個弱點，一開始就樹立良好的第一印象這條，那麼你就成功一半了。懂得運用策略爲自己塑造形象的人，會在第一時間將自己的最美好一面表現出來，讓新同事們對自己留下深刻良好的第一印象。這種聰明的人，自然比那些不懂如何表現自己的人更接近成功之路。

只要能正確認識自己的優缺點，然後揚長避短，發揮自己獨特的優勢，就可以形成與眾不同的風格，更可以塑造出自己獨特的魅力。

這樣一來，你便能很快引起別人的注意、重視，進而利用這項優勢在職場生涯中無往不利。

厚黑智典

小時候我們把夢想築在無限的承諾之上。長大後，許多人還是保有這種習慣，相信可以利用函授來學彈鋼琴，把泥塗在臉上會讓皮膚變好。

——費茲傑羅

摸清辦公室裡的相處之道

自命清高的人，往往就是辦公室裡惹人討厭的傢伙，由於不懂得應對進退之道，最後終將在劇烈而又爾虞我詐的競爭中失敗。

許多社會新鮮人或剛剛跳槽到新環境的上班族，都會患得患失地想著如何才能成爲辦公室裡受歡迎的人呢？

方法其實很簡單，只要你能適度的表現出你獨有的風度、氣質，並常常表現自己的熱情，且在應對進退之時懂得使用得體的稱呼，這樣大家自然就會接近你，樂於與你在一起。

初次見到陌生的新同事，不要因爲對方的態度有點冷淡或高傲便望而卻步。這時，你可以展現自信、熱情的態度主動出擊，伸出友誼的雙手。

因爲，或許對方冰冷的外表正包裹著一顆熱情的心，只要你相信自己的熱情能夠融化任何冰山，就能爲自己營造一個友善的工作環境。

與新同事互動最有效方法便是主動釋出善意，用熱情感染對方，讓對方原先的冷漠感漸漸解凍，陌生的距離便能頃刻而破。

這時，如何稱呼對方就顯得相當重要。

稱呼，是待人接物時說出的第一個詞語，無疑是一個送給對方的見面禮，也進入社交大門的通行證。

得體的稱呼可以使對方感到親切，便於彼此日後交往；如果稱呼不得體，便會引起對方的不快，甚至是惱怒，使雙方的互動陷入尷尬的局面，導致彼此的交往受阻，甚至從此中斷。

那麼，怎樣稱呼才算得體呢？

這要根據對方的年齡、職務等具體情況和交往的場合，以及雙方的關係來決定，不可拘泥於千篇一律的僵化形式。

我們可以看到，那些自命清高的人，往往就是辦公室裡惹人討厭的傢伙，由於不懂得應對進退之道，他們的職場生涯自然步步難艱，最後終將在劇烈而又爾虞我詐的競爭中失敗。

總而言之，要讓自己的職場生活過得一帆風順，除了必須擁有過人的本領之外，更得細心研究與同事相處的學問。

厚黑智典

人必須保持樂觀進取的精神，因為，最顯而易見的現象是，我們從來沒有見過悲觀的富翁。

——艾倫．布里德

把握每一個出人頭地的機遇

當你擁有亮麗的工作成績，就要經常在擁有決定升遷實權的上司面前大量曝光，讓他牢牢記住你，這是職場上快速升遷的一個重要策略。

你正費盡心思想要成爲職場中的佼佼者嗎？

其實，只要懂得在上司面前巧妙地展現自己的才華，留下漂亮的成績，並不留痕跡地接觸決定性的關鍵人物，這樣你自然就容易獲得加薪或得到升遷的機會。

在競爭激烈的職場中，每個上班族都想比別人早一步出人頭地。不過，只有聰明的人才知道，操之過急的結果，只會給上司留下汲汲於鑽營職位的壞印象，不利於下個階段的爬升。

懂得運籌帷幄的人，會掌握出人頭地的最佳機會，巧妙地展現自己的才華，不留痕跡地接觸決定性的關鍵人物，以達到不斷升遷的終極目的。

想得到升遷機會的人，首先當然是必須擁有實際的工作成績，然後才能設法讓這些成績替自己說話。

例如，證明是因爲你的策劃、建議和努力，替公司省下一大筆不必要的開銷，或者由於你絞盡腦汁才解決了大家頭痛的難題。

總之，凡是你參與過的工作都要留下記錄，當然，這些洋洋灑灑的成績裡還要包括你受過哪些嘉獎和讚譽。

當你擁有亮麗的工作成績之後，就要經常在擁有決定升遷實權的上司面前大量曝光，讓他牢牢記住你的傑出表現。

你也可以多在上司面前製造一些讓他印象深刻的事蹟，這是你在職場上快速升遷的一個重要策略。

此外，公司內部所召開的大小會議和舉辦的各項活動，也都是你嶄露頭角的大好機會，只要肯花心思動動腦筋，一定有辦法使上司對你的能力和工作績效留下良好印象，如此一來，你的前途將會一片光明燦爛。

最重要是，你必須有承擔重要工作的能力，讓公司認爲你是不可或缺的人才。如果你手上握有重要的客戶或是機密可靠的資訊管道，這樣你便具備舉足輕重的地位，公司自然認爲別人都無法與你相比。

當然，到了這個階段，公司自然而然便會對你器重有加，透過升遷或加薪的方式來籠絡你，以免你另謀高職。

厚黑智典

當一個人即將成為自己的理想中人物時，正處於顛峰狀態，但是在達成目標之後，他就可能失去原來的聰敏。

——詹森

要做大事，先把小事做好

不要自視甚高，要抱著力爭上游的心情，在最短的時間內把這些瑣事做好，這是取得上司信任的最有效的途徑。

當你進入一個全新的工作環境，必須掌握做人做事的法則，要設法儘快跟同事們熟悉起來，適應陌生的工作環境。

你可以從整理文件、接聽電話做起，爲其他同事做些輔助性工作，在他們心中留下勤快、熱心、開朗……等正面的印象，如此既易於融入同事的工作圈中，也可以很快得到大家的幫助。

必須注意的是，在職場中，重要的是要保持不卑不亢的態度，不能遇到大人物是一種樣子，遇到小人物又是一種樣子。

勢利的人常常讓人瞧不起，對上司與普通同事當然應該稍有區別，但不應該一副勢利眼或奴才相。

在你身邊的同事中，總有一些人愛說長道短，議論別人的是非，此時你最好保持沉默，既不參與議論，更不要散佈傳言，也不要急於與某個人或某個圈子打成一片，以免一不留神就捲入是非的漩渦。

不管任何時候，都要管好自己的嘴巴。

把抱怨的時間，把與同事談論流長蜚短的時間用來冷靜思考，思考要如何才能提高自己的工作效率。

只有這樣，你才能快速超越別人。

一般而言，當一個人剛到新環境工作，上司或同事往往並不瞭解他的才能，因此，不管他多麼優秀，有多麼輝煌的過去一開始不會委以重任，而是讓他做些比較瑣碎的雜事、小事。

這時候，你不要自視清高，以爲大材小用，而是要抱著力爭上游的心情，在最短的時間內把這些瑣事做好。

這是取得上司信任的最有效的途徑，想要讓往後的職場生涯燦爛輝煌，要先耐得住黯淡無光的日子。

如果你是個有心向上攀爬的人，相信就能及早適應新環境，在未來的職場生活中遊刃有餘、左右逢源。

厚黑智典

人類真正的差別就在腦力，具備超人的腦力加上無法撼動的決心，造就一個人的成功。

——科比爾

輯 8.

要當勝利者，不要當受害者

不要輕易透露自己的真實想法，
如此一來，你才能打開新局面，
不但成為辦公室中的生存者，
而且成為最後的勝利者。

把上司當成向上攀爬的梯子

誠心誠意地感謝上司的幫助和栽培。不要認為這是阿諛奉承，這只是讓上司知道你不會為了升遷而不擇手段地踩著他的肩膀往上爬。

經常與上司進行建設性的溝通，可以幫你建立一個融洽和諧的工作環境，更是在職場上左右逢源的必要條件。

溝通常常會出現預想不到的神奇效果。當人與人之間有了誤解，甚至產生隔閡時，運用溝通藝術進行互動，就顯得非常重要。

在職場上更必須加強溝通。當上司對你有了誤解或產生猜忌，面對上司「另眼看待」的冷峻態度，千萬不可意氣用事，不要硬碰硬地橫眉冷對、反唇相譏，或是表現得不屑一顧。

這時候，應當以樂觀積極的態度，心平氣和地找上司進行良性溝通。

必須注意的是，想要進行建設性的溝通，一定要找個適當的溝通場所，並選擇恰當的時機，在整個談話過程中更要營造出輕鬆自然的氣氛。

首先，在進行溝通的時候一定要讓對方感受到你樂於溝通的誠意，儘量不要刻意隱瞞某些事情。

例如，如果大老闆私下找你談話，而讓上司疑神疑鬼，倘使談話內容純粹是一般公事，你大可直接對上司說明。這樣一來，他自然不會把你當成扯人後腿的「抓耙子」而處處防你。

其次，當自己的工作成績得到上司的肯定和表揚之時，必須誠心誠意地感謝上司的幫助和栽培。

不要難爲情地認爲這是阿諛奉承，這只是讓上司知道你不是一個得意忘形或忘恩負義的人，也不會爲了升遷而不擇手段地踩著他的肩膀往上爬。

然後，你要誠懇地檢討自己的缺點和不足之處，希望上司能繼續對你嚴格要求，幫助你突破自己的侷限。

當你使上司感覺他是處於栽培、幫助別人的位置上，他就會敞開心胸，盡其所能地爲你創造有利的機會。

如此一來，即使你的成就超越他，他也很容易就會認爲你的進步是他的功勞，自然能從你的升遷過程中，找到一分屬於自己的成就感和滿足感。

厚黑智典

蠢人的最大特徵是，他們常常相信，只要讓兩隻恐龍交配，同樣能夠生出一隻小羚羊。而且，這種蠢人在企業界特別多。

——湯姆·彼得斯

「邀功求寵」的五大步驟

「邀功求寵」的時候不要表現太露骨，只要你能一次又一次贏得老闆的肯定，時機到了，大功自然告成，升遷晉級絕對會有你的分。

你曾經想過要如何才能讓自己擺脫哀怨的「上班奴」行列，讓老闆爲你的傑出喝彩，並且大力拔擢嗎？

其實，只要你熟悉向老闆喜傳捷報的「邀功求寵」步驟，就能當一隻快樂的喜鵲，不時讓老闆爲你喝彩，從此告別黯淡的職場生涯。

第一，說話說重點，先說出事情的結果。

不要把時間和精力用來描述你做了什麼偉大的事，而是直接把結果告訴他，讓他聽了就高興得不得了。要知道老闆很忙，在你報告成果的時候，或許他沒時間聽你訴說詳細的枝節，因此要用有限的時間，向報告老闆他最關心的事。如果時間允許的話，他自然會開口詳加詢問整個過程。

第二，說明過程的時候，要盡可能簡明扼要、條理分明，不要因為興奮過頭，而拉拉雜雜說一堆廢話。

並且要記住，「邀功求寵」的時候，千萬不要表現太過於露骨，要先提別人的努力，再提自己的功勞。

第三，如果是以書面方式進行報告，一定要記得署上自己的名字，不要樂昏了頭，洋洋灑灑寫了數千言，最後卻忘了加上自己的名字。

也不要感謝了一大堆人，把直屬主管、老闆的名字統統列了上去，卻唯獨漏了自己，那豈不是最愚蠢的失誤，讓自己的心血功虧一簣？

第四，報告完了，就要適時離開。

除非老闆有意和你進一步討論，否則不要賴著不走，一副等著求賞的模樣，只要給老闆留下良好印象即可，否則，老闆肯定會覺得你是個急功近利的傢伙。

只要你能一次又一次贏得老闆的肯定，時機到了，大功自然告成，升遷晉職絕對會有你的分。

第五，除了向老闆報告之外，最好同時把這項好消息告訴你的上司、同事和部屬，讓他們分享你的喜悅。

這樣一來，既可營造人緣，又可製造輿論效果，讓你的好消息持久，不會只出現曇花一現的效果。

厚黑智典

永遠不要解釋，你的朋友不需要解釋，至於你的敵人，不管你怎麼解釋，他也不會相信你。

——艾伯特．休巴德

六種無法獲得上司賞識的人

不良的工作心態，共同的特點是不能掌握自我、表現自我和捍衛自我，因此無法獲得上司的賞識與肯定，自然和加薪升遷無緣。

升職加薪是每一個在職場打拼的人所期望的，可是，如果你是以下六種人之一，恐怕這輩子很難有升職加薪的機會。

爲什麼呢？看了就知道了。

- 像伴娘一樣為人作嫁

這種人的毛病不在於做不好工作，而在於不敢充分表現自己，自然也無法發揮自己的潛能。這種人的工作能力或許是一流的，然而行事態度卻始終像伴娘一樣，有著不要喧賓奪主的想法。

這種心態會阻礙升遷晉級的機會，當然只有爲人作嫁的分，無法出人頭地。

• 像鴿子一樣溫馴

這種人認眞工作，也有某方面的技術和才華，但由於工作性質或人事結構，所學的知識完全與工作劃不上等號。因此，別人不斷升遷、加薪、晉級，這種人增加的卻只是工作量。

對這種難堪的境遇，他或許早就心有不滿，但是卻不敢大膽陳述、努力捍衛自己的權益，而只是拐彎抹角地講些模稜兩可的怨言。

由於這種人就像鴿子一樣溫順馴服，不是被上司忽視了，就是淪爲上司擺平利益糾葛的犧牲品。

• 像牛一樣任勞任怨

這種人工作的時候像牛一樣任勞任怨、認眞負責，可是工作成效卻很少人知道，尤其是他的頂頭上司。因爲，別人總是用他辛苦努力的成績去邀功，他的內心雖然也想得到榮譽、職位和加薪，但沒有學會如何才能引起上司注意到他的成就。

當別人盜取他的成績坐享其成之時，他只會暗自飲泣。

●言行太過驕傲

這種人充滿自信，而且往往自信過了頭，他們或許在工作上很能幹，表現也很不錯，卻打從心裡看不起其他同事，總是以驕傲的態度與人相處，常常和別人發生無謂的爭論、衝突。

這種人行爲放肆，常常干涉、糾正別人，即使對上司也不加收斂。使得大家對他們敬而遠之，根本沒人會理會他們有什麼好的創意和成績。

●天天發牢騷

這種人總是一邊工作，一邊抱怨工作，讓人耳根不得清靜，而被上司、同事認爲是討厭工作、愛發牢騷的人。任誰都會認爲，這種喜歡碎碎唸的人很難相處，也會認定他們沒有敬業精神，何不乾脆辭職算了。

結果，升級、加薪的機會被別人獲得了，這種人就只有天天發牢騷了。

•太過忠厚老實

這種人對任何要求都來者不拒。別人請他們幫忙，總是放下本身的工作熱心地去支援，結果自己的工作忙不完，卻沒人願意伸出援手。這種人爲別人的事犧牲不少，但是，根本就得不到別人與上司的賞識，還被認爲是無用的老實人。

這種人往往在同事面前鼓不起勇氣說不，受到委屈之後，就只好回到家中發洩。

以上六種不良的工作心態，共同的特點是不能掌握自我、表現自我和捍衛自我，因此無法獲得上司的賞識與肯定，自然和加心薪遷無緣。

厚黑智典

所謂的形象當然是虛假的，我必須鄭重地告訴你，這就像是一份報紙裡面，其實只有廣告頁稍微可以相信。

——湯斯瑪．傑佛遜

如何建立良好的形象

想要在辦公室建立良好的人際關係，最重要的步驟就是先了解周遭的人，方法很簡單，那就是好好聆聽別人談話。

當你初來乍到一家新公司，面對完全陌生的新環境，要多觀察、多思考、多探聽、少說話，這才是適應新環境的明智之舉。

假如你心裡知道，周圍的同事們對新來的你都頗感興趣，但是卻又只是靜靜地在一旁觀察你的一言一行之時，你要如何才能讓他們留下良好的第一印象呢？

首先，要多聽。懂得「聽話」會讓你快速了解你的新同事，並確認他們想要知道什麼，知道他們希望你如何看待他們，希望你喜歡他們、尊敬他們。

如果你明白他們的這種心理需求，你就可很快創造出你想要的印象。你可以透過「聽話」的肢體語言，流露出他們是如何讓你印象深刻，或者是你有多喜歡或尊敬他們。

所以，你所要進行的第一個步驟，就是迅速找出他們認爲自己最糟糕的地方，並且避免去談論它。

其實，要解決這個問題很簡單，只要多花點時間去聆聽就能瞭解。

因爲，經過「聽話」的步驟，你就能知道：新同事都是什麼類型的人，他們現階段目標爲何，他們的優缺點在哪裡。知道他們是什麼樣的人之後，你就可以找到與他們交談的話題，增強彼此的合作關係。

其次，就是迅速找出那些和你志趣相投的同事，這不但是創造出良好印象的最佳方法，而且也可以維持和諧的同事關係。

再者，面對那些孤傲又難以取悅的人，你應該試著了解他抱持的心態，以及對你的意見和評語。

當然，對於他的意見和評語，你不一定要同意，但也不要心浮氣躁去冒犯他，要很有禮貌、很有耐心地聽他的看法，別讓他有不受尊重的感覺，然後和他保持表面的和諧關係。

必須留意的是，這種心性高傲的人無論在什麼情況下，面對什麼人，都會產生猜忌心理，因此必須敬而遠之。

總之，想要在辦公室建立良好的人際關係，最重要的步驟就是先了解周遭的人，方法很簡單，那就是好好地聆聽別人談話。

因爲，他們的話說得愈多，你對他們的了解就愈清楚。經過一段時間之後，你就能利用傾聽的力量，設法改變他們的立場。

厚黑智典

告訴別人你的決定，但不要告訴他理由，你的決定有可能是對的，但是理由通常是錯的。

——法莫瑞

要當勝利者，不要當受害者

不要輕易透露自己的真實想法，如此一來，你才能打開新局面，不但成為辦公室中的生存者，而且成為最後的勝利者。

大致上而言，人都喜歡以主觀的認知來看待別人，因此會把人分成兩大類：「像我」或「不像我」。

無論你想要用什麼方法讓自己步步高升，都要先瞭解周遭的同事具備哪些特質、能力，這些日後可不可以轉化成自己向上攀爬的助力。

只有當你瞭解到「像我」這樣的判斷標準對對方的意義時，你才可能快速接近他。要在職場成爲一個無往不利的勝利者，就是要讓你想接近的對象相信，你們之間擁有很多共同點，可以成爲志同道合的朋友。

不過，要小心，即便你掌握了對方的特質，交淺言深仍是初到新工作環境的人所應該避免的大忌。千萬不要因爲對方對你態度友善，彼此談話頗爲投機，就以爲找到了知己認定你們是同夥的。

如果你有這種輕率的習慣，小心遭人出賣。

有位朋友高高興興地跳槽到一家新公司任職，由於言行謹愼、做事認眞，每天笑臉迎人，所以同事們對他的態度也頗爲友善。有一次，他和一位談得很投機的同事閒聊時，不經意將自己看不順眼的人、事、物全盤說出，藉以發洩心中的悶氣，沒想到這番話幾乎讓他在辦公室裡無法生存下去。

原來，這位外表看似忠厚老實的同事，骨子裡竟然是個唯恐天下不亂的小人，沒幾天便將這些話加油添醋地傳達給其他同事知道，令這位朋友處境極爲狼狽。這時他才悔不當初，非常懊惱自己一時衝動，沒管好自己的嘴巴。

你身處的辦公室越大，人際關係也就越複雜。

越大的公司，利害關係越複雜，派系問題也越嚴重，每個想要踩著對手的屍體往上爬的部門主管，都渴望得到屬下的擁護、支援，因此新進人員往往會莫名其妙被捲入派系鬥爭中。因而，必須多聽多看，多瞭解辦公室內的人際脈絡，盡可能冷眼旁觀，不要淪爲派系鬥爭的犧牲品。

當你初到一個新環境工作時，首先必須學會與所有的同事保持適當距離，不要隨便發牢騷，以免招來意外的禍端，讓自己摔得鼻青臉腫，成爲職場的受害者。在新同事面前不要有過度親密的言行舉止，也不要輕易透露自己的眞實想法，學習做個快樂的聆聽者，等距離對待每一位同事，避免捲入任何小圈子。

如此一來，你才能儘快適應新環境，打開新局面，不但成爲辦公室中的生存者，而且成爲最後的勝利者。

厚黑智典

你必須記住一點，在淘金熱蔓延的時期裡，真正發財的不是那些辛辛苦苦淘金的人，而是販賣鋤頭和鏟子的人。

——布蘭德

微笑可以為你換來更多鈔票

微笑除了會帶給自己好心情，還會帶給自己更多的收入，每天都帶來更多的鈔票。只要好好控制自己的心境，便可以達到最終的目標。

職場最重要的成功法則是：懂得微笑的人，才會有升遷的希望。

因爲，不管上司或下屬，沒有人喜歡提拔或幫助那些整天皺著眉頭、愁容滿面的人，更不會有人相信他們可以攀爬到什麼重要位置。

要使同事歡迎你、喜歡你，除了平時要對他們表示誠摯的關切外，更別忘了見面之時要露出笑容。

因爲，肢體動作比言語更具威力，微笑所代表的意思就是：我喜歡你，你使我感到愉快，我很高興見到你。

成功學大師卡耐基曾經說：「笑容能照亮所有看到它的人，像穿過烏雲的太陽，帶給人們溫暖。」

他曾經鼓勵卡耐基學院的學員花一個星期的時間，每天對別人保持微笑，然後一個禮拜之後發表自己的心得感想。

參與這項計劃之一的威廉．史坦華是華爾街的知名人士，由於生活過得悶悶不樂，因此也參與這項計劃。

史坦華結婚已經十八年了，每天早上起床到上班之前，很少會對太太微笑，也很少她說上幾句話，上班的時候對其他的人更是一副撲克臉。

他按照卡耐基的要求，上班的時候對大樓管理員和警衛微笑，說一聲早安，當他跟地鐵的賣票小姐換零錢時也會對她微笑，站在股市交易所也對所有人微笑。

史坦華發現，每個人都對他報以微笑，而且當他以愉悅的態度面對那些滿肚子牢騷的人之時，很快就能平復對方心中的不滿，讓問題很容易就解決了。

這時，史坦華發現，微笑除了會帶給自己好心情，還會帶給自己更多的收入，每天都帶來更多的鈔票。

從此，他的人生有了截然不同的轉變，成一個更快樂更富有人。

每個上班族都希望能在職場一帆風順，一步步爬上自己想要的位置，過著幸福快樂的日子。其實，想要在職場左右逢源，方法很簡單，只要好好控制自己的心境，便可以達到最終的目標，因爲那些讓自己升遷的階梯就在你的心裡，要爬得快或慢完全由自己決定。

微笑不用花什麼力氣，但是可以創造出很多成果。記住，讓你的笑容釋放好意，讓它成爲你的親善大使，讓它爲自己換來更多鈔票。

厚黑智典

如果你抱著誰都不得罪的想法，那麼，你可能就永遠也不會給大眾留下深刻的印象。

——傑米・巴列特

同事相處的六大法則

同事間相處的最佳方式是若即若離，保持安全距離，永遠把別人當做好人，但也要永遠記得：不可能每個人都是好人。

身為上班階級，平均一天至少有八個小時必須和同事處在一起。

辦公室的人際關係是十分複雜的，如何與同事相處更是一門必修的學問，值得我們好好的研究。

如果你老是與升遷的機會擦肩而過，那麼就有必要問問自己：我在辦公室的人際關係如何？是不是忘記了以下所列的同事相處的六大法則？

一、同事相處的第一原則是彼此平等。

不管你是職場的老鳥還是剛入行的新手，都應該絕對摒棄不平等的應對關係，心存自大或感到自卑都是同事之間相處的大忌。

二、和諧的關係對自己的工作有莫大的裨益。

你不妨將同事看成工作上的伴侶、生活中的朋友，千萬別在辦公室裡板著一張撲克臉，讓人們覺得你自命清高，不屑於和大家共處。

三、不要讓晉升、加薪等問題，成為你與同事間的困擾。

你應該專心投入工作之中，不要爲了加薪或升遷耍陰狠的花招、玩奸詐的手段，但是要有防人之心，不放過任何與同事公平競爭的機會。

四、站在對方的立場著想。

當你覺得和上司及同事相處很苦惱的時候，殊不知，你的上司或同事很可能也正在爲此而煩惱。其實，只要你學習眞誠待人，遇到問題時先站在對方的立場想一想，這樣一來，便可以將爭執湮滅於無形中。

五、別把每個人都當成君子。

辦公室內有君子也會有小人，所謂的眞誠相待並不等於完全毫無保留，全盤托出自己的眞實想法。尤其是對於自己並非十分瞭解的同事，言談之間最好還是有所保留，切勿將自己的私事都告訴對方。

六、保持若即若離的關係。

同事間相處的最佳方式是若即若離，保持安全距離，永遠把別人當作好人，但也要永遠記得：不可能每個人都是好人。

厚黑智典

人們總以為在高層永遠不會有很多好位置，而寧願把它當成夢想，我倒認為高層之上一定有許多空位。

——柴契爾夫人

你是個才華洋溢的失敗者？

想要讓自己活得幸福快樂，應該記住一個重點，人不一定要才華洋溢，但是一定要有輕鬆遊走職場的生存能力。

一般人如果被認爲是有才華的人，一定會樂不可支，把它當作褒獎之詞，如果被認爲才華洋溢，更會認爲別人慧眼識英雄，對自己做出最客觀的評價。

但是，當你聽到「才華洋溢」這類的褒獎之時，千萬別高興太早，如果你不懂得現實社會中的應對進退之道，小心結局變成懷才不遇。

一個才華洋溢的人，無論是專才還是全才，只有擺在正確的地方，發揮應有的能力，才會顯現出相對的價值。

職場上衡量一個人成不功的標準，又何嘗不是如此呢？

從歷史的例子和現實生活中，我們可以看到很多才華橫溢的人，以卓越不凡的能力在自己專精的領域露盡鋒芒。

但是，我們同時也看，到許多才華洋溢的人根本毫無用武之地，甚至過著窮困潦倒的生活，抑鬱終生。

爲什麼會這樣呢？

原因就在於，才華橫溢的人未必擁有在現實社會生存的能力。

有些頗有才華的人準備要在職場展露才華之際，往往發現現實環境並不盡如人意，因爲他們既不知道職場的生存法則，也不願學習做人做事的基本道理，用心經營自己的人際關係。

他們一味地埋怨現實與理想有著很大的差距，感慨自己的才華找不到發揮空間，久而久之便會怨天尤人，心生懷才不遇的感覺，漸漸地就變成哀怨的上班族，甚至是社會邊緣人。

其實，想要讓自己活得幸福快樂，應該記住一個重點，人不一定要才華洋溢，但是一定要有輕鬆遊走職場的生存能力。

才華洋溢並不是對一個人的最高褒獎，如果你不能站到最適當的位置，發揮自己的才華的話。

所以，如果你想當個人人稱讚的才華洋溢的人，千萬記得時時鍛鍊自己適應職場的能力，讓自己的才華找到更寬闊的發揮空間。

厚黑智典

電腦和人一樣，都適用「彼德原理」。如果它的工作成效很好，就可能晉升擔負更多的職責，直到它達到不能勝任的層級。

——勞倫斯．彼德

不妨把上班當成演戲

別讓自己成了辦公室裡的討厭鬼，如果你是一個不太會控制自己情緒的人，那麼就要試著把上班當作演戲一般。

很多人雖然看起來能力很強，工作很勤奮，但是，令人驚訝的是，他們在辦公室內並不受到大家的歡迎。原因就在於他們的EQ（情緒智商）太低，不善於管理、控制自己的情緒。

這樣的人，特徵就是不允許別人對自己提出批評建議，常常為了一點小事到處抱怨、發牢騷，或是情緒不佳之時就向同事發飆。

眾所周知，人與人之間的情緒是會互相感染的，有時自己情緒還不錯，但是遇到這種ＥＱ低的人，愉快的心情一下子就被破壞了。

誰都討厭老是破壞自己情緒的人，哪怕他是爲了重要的公事。

因此，如果你想要比別人擁有更多加薪升遷的機會，千萬要記得，別讓自己成了辦公室裡的討厭鬼。

如果你是一個不太會控制自己情緒的人，那麼，就有必要試著把上班當作對著一群白癡演戲一般。

一個優秀的演員要能很快入戲，並且能將戲裡戲外分得很清楚，又看不出矯揉造作的成分，才能獲得觀眾的掌聲。

在工作場合也是如此，要將自己想像成演技高超的一流演員，把原來的情緒暫時壓抑下，專心配合上司、同事的工作要求，讓自己表現得最完美。

如此一來，你才能製造一個輕鬆自在的工作環境，既有利於公事的推展，也會讓自己大受同事們歡迎。

我們時常可以見到許多學歷高、能力強、見多識廣的人，由於不懂得控制自己的情緒，以至於在辦公室內人緣不佳。

這樣的人無形之中也喪失了許多升遷機會，只能當個哀怨的上班族，這無疑是相當可惜的事。

如果你不想步上他們的後塵，就要把他們當成讓自己心生警惕的鏡子，從現在起，開始練習當個優秀的演員吧！

厚黑智典

人可以獨來獨往，但千萬不要讓別人覺得充滿敵意；人可以自命清高，但千萬不要讓人覺得受到侮辱。

——科恩

輯 9.

懂得交際，處處充滿機遇

聽明人會抓住每一次機遇，
更聰明的人會不斷地創造新機遇。
只要你塑造良好的形象，
你就會發現身邊處處充滿機遇。

消除對方的「心結石」

如果知道別人腦袋裡有錯誤的思想、對自己有成見，就該像捉蟲子似地將它揪出來，如果姑息，那就是害了他，彼此的關係也不會改善。

人的身體除了可能會有膽結石、腎結石之外，應該還會有「心結石」。所以，在人際交往的過程中，如果感到有人對自己有成見，而這個人對整件事又至關重要的話，就要先想辦法瞭解對方心中到底在想些什麼。

放任不管或冷漠以對，絕不是好辦法，要針對問題挑明解說，讓對方有重新思考的機會，如果對方能想得通，心裡的「結石」自然就會溶解！

當年甘迺迪競選美國總統時，許多民眾雖然頗爲欣賞他的聰明才幹，但是心中還是存有一些疑慮。首先，他似乎太年輕了，美國歷史上還沒有這麼年輕的人當總統。其次是宗教信仰，甘迺迪是天主教徒，但當時天主教徒只佔美國公民的十分之一，民衆害怕甘迺迪當上總統後，會對人民的宗教信仰自由有所影響。

甘迺迪深知民衆心中的這些疑慮，不過，他不但不迴避這些問題，反而針對大家心中的疑慮一一做了說明。

當競選對手譏諷他過於年輕，攻擊他：「要當總統，總得有幾根白頭髮吧？」甘迺迪提出的回應是：「頭髮白不白和能不能當總統沒什麼關係，最重要的是頭髮下面有沒有東西！」

他又對自己的宗教信仰問題做了說明：「就是因爲天主教徒是美國的少數公民，所以如果我選上了總統，就代表這個國家尊重少數公民，以後黑人、黃種人、其他少數宗教的人都可以當總統了。」

甘迺迪所做的解釋不但一掃大家心中的疑慮，甚至還因此奠定了少數公民的票源，最後順利當選總統。

如果知道別人腦袋裡有錯誤的思想、對自己有成見，就該像捉蟲子似地將它揪出來，如果姑息，那就是害了他，彼此的關係也不會改善。

不過，捉蟲子也要有技巧，像小蟲子跑進耳朵時，只要用燈照一照，蟲子就會自己跑出來，如果硬去摳耳朵，蟲子反而會越跑越裡面。相同的道理，捉別人腦袋裡的蟲子也是如此，可別硬「摳」，硬來是絕對行不通的。

徐錫麟先生是個出色的文學家、教育家，最後在辛亥革命中轟轟烈烈地爲國捐軀。早年，徐錫麟在紹興中學堂擔任相當於現在副校長一職的工作時，發現有個家境還不錯的學生偷了東西，於是便將這個學生叫到辦公室來，問他：「你知道不知道我爲什麼叫你來辦公室？」

這學生吊兒郎當地回答：「不知道。」

「我要告訴你一個好消息，我抓到了一個小偷了。」徐錫麟平靜地說。

學生一聽嚇了一跳，隨即故作鎮定地說：「喔！小偷在哪裡啊？」

徐錫麟遞給他一面鏡子，很嚴肅地說：「你看看，小偷就在鏡子裡。你仔細地看看他吧！看看他的外貌，再看看他的靈魂。」

聽到這段話，這名學生羞愧得抬不起頭來，從此痛改前非。就這樣，徐錫麟巧妙地拯救了一個正要墮落的靈魂。

在上述的例子中，若是徐錫麟用責罵的方式對待學生，說不定會激起該名學生的叛逆性，導致那學生的行爲不但沒有改善，反而越來越糟，但徐錫麟懂得這個道理，因此改採勸說的方式，讓該名學生自我省悟。

當我們發現他人對自己有錯誤觀念、有成見時，應想辦法改變他人的觀點，只是這時若是硬要扭轉對方的看法，可能不但無法揪出他錯誤的觀念，還讓他逐漸加深成見，那反而造成反效果了。

厚黑智典

首先要引起別人的渴望，凡是能夠這麼做的人，必定擁有良好的人際關係，可以獲得更多幫助。

——拿破崙．希爾

為自己塑造最佳形象

不要扭曲自己的性格去迎合他人，不要擺出虛假的姿態，只要始終保持處於最佳狀態的真我就足夠了，這就將是你的最佳形象！

大文豪莎士比亞曾經在著作裡這麼寫道：「同樣價值的東西，往往因為人的主觀意識，而分別高下。」

的確，根據非管方統計，有百分之九十的人寧願相信自己的「第一印象」，也不願相信自己後來才發現的醜陋眞象，因此，熟諳此種人性的，才會不惜砸下重資營造「假象」去包裝自己的「形象」。

所謂建立良好形象就是把自己的優點儘量放大，妥善加以包裝，以達到優點突出，容易辨認的效果。

如果你能建立好的形象，不但能使自己充滿自信，也會令周圍的人對你刮目相看，讓你更容易得到成功的機會。

一般而言，受人歡迎的好形象有以下八大特點：

• 積極進取

做事積極主動，走在別人的前頭。凡事多出一分力、多走一步，就能防患於未然，而不是消極地等待事情發生。

• 樂觀向上

凡事多往好處想，懂得激勵自己，不被困難嚇倒。要能在困難、挫折中尋找機會，化弱點爲優點；要深信艱辛的日子終會過去，前途將更加璀璨。

• 富有成就感

確立自己發展的方向，制定明確的奮鬥目標，然後全力以赴，力求達到目標、爭取成功，這樣會得到一種「我做得到」的自豪感。

• 有自信心

相信自己只要努力，便能夠應付各種困難、完成任務；相信只要自己肯苦幹，環境就會改善、形勢就會好轉。

• 敞開心胸

不排斥新思想、新作風，能廣泛地吸收新知識，容忍不同的意見和風格，並吸取他人好的見解。

• 擁有創新意識

有規劃地求新、求變，要能承認自己有不足的地方並勇於改善。不胡亂排斥舊東西，但敢於嘗試新方法。

• 有冒險精神

在探索階段，能夠忍受種種不確定的因素；努力開拓新道路，自信對自己有利的條件即將出現，所以不管路上有多大的障礙也會勇往直前。

• 觸覺敏銳

善於辨察事物細微的變化，警覺心強，對各種訊號、徵兆敏感；能隨時準備接收各種不同的訊息，並能將這些訊息加以分析、多加利用。

樹立好的形象，讓別人看見你渴望成功、爲獲得成功竭盡全力工作的模樣，就已具備捕獲成功的條件。

那麼，怎樣才能把自己的形象調整到「最佳狀態」呢？

一位美國專家提出如下建議：

• 發揮自己的長處

如果你發揮自己的長處，別人就喜歡跟你在一起，樂意和你合作。因此，與人交往時，一定要充滿自信，並盡可能發揮自己的長處。

• 保持自己的本色

善於與人交往的人，不會因場合不同而扭曲自己的性格。敞開心胸、將自己坦率地呈現在他人面前，才能給人留下美好的印象。

• 善於使用目光

不管是跟一個人還是一百個人說話，一定要記住用眼睛望著對方。進入坐滿人的房間時，應自然地舉目四顧，微笑著用目光照顧到所有的人，不要避開眾人的目光，這將會使你顯得輕鬆自如。

• 先聽後行

參加會議、宴會或面試時，切勿急於發表意見，要稍微等一會兒，先瞭解一下現場情況在發言，才不易出錯。

• 集中精力

跟別人見面之前，要先靜靜地坐下來集中思想。集中精力後反應速度才快，能幫你在錯綜複雜的人際關係中如魚得水。

• 放鬆心情

要使別人感到輕鬆自在，你自己就必須先表現得輕鬆自在。不管遇到怎麼嚴重的問題、多大的困難，心理上都要儘量放鬆，才不會被過大的壓力壓垮，才能穩定自己的信心。

總之，爲自己塑造最佳形象的原則是：在面對他人之時，不要扭曲自己的性格去迎合他人，也不要擺出虛假的姿態，只要始終保持處於最佳狀態的眞我就足夠了，這就將是你的最佳形象！

厚黑智典

人性當中，總是愚蠢的部分多於理智的部分，所以，懂得誘發別人的愚蠢的人，才是最聰明的。

——法蘭西斯．培根

領導訣竅在於了解部屬的需要

瞭解屬下各種不同的需要，盡可能去創造能滿足屬下需要的條件；若能如此，領導者就能與下屬相處得很好，上下一心，有效率地工作。

一個團體或公司裡聚集了來自各方的人。身爲領導者，你是否想過，這些性情各異的人爲何會聚集在你的周圍，聽你指揮、爲你效勞呢？

俗話說：「澆樹要澆根，帶人要帶心。」

領導者必須摸清屬下的內心願望和需求，並予以適當地滿足，衆人才可能心悅誠服地追隨你。

一般而言，屬下的願望或需求不外乎是：

• 做同樣多的工作，就拿同樣的錢

員工們都希望他們能得到公平的報酬，即做同樣的工作，就拿同樣的報酬，屬下們不滿的是他人做同類或同樣的工作，卻拿更多的錢。他們希望自己的收入符合一般水準，若是低於一般水平，很可能會引起屬下的不滿。

• 被看成是一個「人物」

屬下們希望自己在上司眼裡顯得很重要，內心也希望自己在工作上的表現能夠得到上司的讚美和認同。

因此，上司鼓勵幾句、拍拍肩膀或調高他們的薪水，都有助於滿足這種需要。

• 有步步高升的機會

屬下都希望在工作中有晉升的機會。向前發展是至關重要的，沒有前途的工作會使屬下產生不滿，最終可能會導致屬下辭職。

•在舒適的地方從事有趣的工作

興趣是工作的動力，屬下往往會把這一項放在其他需求之前。

屬下都希望有一個安全、清潔和舒適的工作環境，不過，若是他們對工作本身不感興趣，那麼再舒適的工作環境也無濟於事。

當然，不同的工作對不同的人有不同的吸引力，某樣工作對這個人來說可能相當有趣，但對另一個人而言可能是沉悶至極。因此，身爲領導者，應該儘量爲屬下選擇和安排適合他們的工作。

•被「大家庭」所接受

屬下會尋求上司和同事們的認可，如果做不到這一點，他們的士氣就會低落、缺乏效率，使局部工作乃至整體工作受到損害。

屬下們不僅需要感到自己歸屬於公司這個整體，是公司這個整體的一部分，而且還需要感到自己歸屬於領導階層，是管理者的一分子。

屬下都希望上司賞識他們，上司若是和他們一起討論工作，共同討論可能出現的變動或某種新的工作方法，使屬下不是通過小道消息，而是直接從領導者那裡得到重要的資訊，這種過程將有助於使屬下感到他們是公司的一部分，感到上司對他們的信任與需要。

- 領導者別是個「窩囊廢」

一般而言，屬下需要一個有能力又可以信賴的上司，他們願意為那些瞭解各種情況、能做出正確決策和行為公正無私的人工作，而不希望碰上一個無能又自大的「窩囊廢」來當他們的領導者。

不同的屬下對以上這些需要和願望的側重會有所不同，可是身為領導人，你應該了解他們的個人需要，知道屬下對各類需要有不同的側重。例如，對這位屬下來說，晉升機會或許最為重要，但對另一位來說，工作環境可能才是最重要的。

洞察每人的需要並非易事，因此領導者要能深入瞭解屬下們，因為屬下嘴上說想要什麼，與他們實際上眞正想要什麼可能不同。例如，他們可能聲稱對工資不滿，但眞正的需求卻是要得到上司的重視。

因此，爲了處理好辦公室的人際關係，你應該瞭解各種不同的需要，並盡可能去創造能滿足屬下需要的條件。

若能如此，領導者就能與下屬相處得很好，上下一心，有效率地工作。

厚黑智典

蛇之所以常常先把人咬傷，是因為牠們害怕不這麼做的話，石頭就會砸在自己的頭上。

——薩迪

懂得做人做事，自然會有好處

車子即時平時不用，也要上油、保養，要維持人脈、活用人際關係網，平時就要多花點心思，這樣危難時才能發揮人際網的作用。

你是否曾有過這樣的經驗：當你遇到了困難，想找某人幫你解決時，卻突然想起自己已經許久未和對方聯絡了。過去許多時候原本應該去拜訪對方的，結果一直都沒有去，現在有麻煩了才去找人家幫忙，難道不會太唐突了嗎？

在這種情形之下，你不免有些後悔「平時不燒香」了。

眞正懂得做人做事的人通常都有長遠的眼光，懂得及早準備、未雨綢繆，這樣危急時就比較容易尋求幫助，甚至還會得到意想不到的助力。

經營人際關係講究的是「禮尙往來」，或許你也知道應該款待或送些禮物給那些與你有利害關係或可能會對你有所幫助的人，但怎麼款待、怎麼送禮，或什麼時候款待、什麼時候送禮，才能建立最佳形象，可是大有學問的。

例如，如果是在別人幫你後才將禮物送去，對方必然會認爲你這麼做是理所當然的。可是，如果從未拜託人家幫忙，仍不時找機會將禮物鄭重其事地送給他，受禮者的想法就會大不一樣。

另外，送禮給剛上任的上司與送禮給即將調離的上司，取得的效果也有顯著的差異。送禮給剛上任的上司，只是錦上添花，會讓他覺得你是刻意要討好他，對他另有所圖。相對的，若是送禮給即將離職的上司，或是即將調到其他部門擔任其他職務的人，卻是雪中送炭，將使對方非常感激。

有一位朋友曾經在政府機關擔任局長，每年年底，禮物、賀卡都像雪片一般飛來，可是退休後的第一年，收到的禮物卻只有一兩件，賀卡更是連一張也沒有。以往訪客絡繹不絕，但這一年內卻寥寥無幾。就在他深感寂寞的時候，從前的一位下屬突然專程帶著禮物來看他。在他擔任局長期間，並不怎麼重視這名下屬，可是門可羅雀之時前來探望的竟是這個人，不禁使他感動得熱淚盈眶。

過了二、三年後，這位朋友被原本服務的政府部門聘爲顧問，當然很自然地就重用、提拔那位下屬。因爲這個人能在沒有利益關係的情況下來看望自己，在他心中留下了深刻的印象，同時更讓他產生「有朝一日，一旦有機會，我一定得好好回報他」的想法。這就是平時懂得做人做事的好處。

就像車子即時平時不用，也要保養一般，要維持人脈、活用人際關係網，平時就要多花點心思，這樣危難時才能發揮人際網的作用，若是平時不多加留意，也許哪天哪條人際關係斷了也不知道。

厚黑智典

凡是地位日益增高的人都會遭遇到的，那便是人心的險惡和謠言的中傷。

——雨果

想成大器，就不要用情緒處理問題

想成大器，切莫用情緒來處理小事或紛爭，要能忍人所不能忍，輕鬆地處理一些繁瑣小事，讓重要的大事能早一步得見成功！

有位人性作家曾經這麼說：「就算面對自己再如何討厭的人，也不要將你對他的討厭寫在臉上。」

因爲，一個讓討厭的人，也許有朝一日會成爲幫助你度過難關的「貴人」，又何必急於將這個「潛在貴人」推出門外呢？

想成大器，就不能用情緒處理問題。

所謂「小不忍則亂大謀」，面對不在人生計劃中的屈辱、挫折、失敗，如果不能克制住一時的衝動，很容易會讓自己做出後悔的事。

因爲無法克制情緒，而讓突如其來的小事而打亂自己的人生節奏，使得整個佈局大亂，無疑是件不智的舉動。

中國名將韓信是位家喻戶曉的人物，能讓他稱雄一時的原因，其實在他還未成名之前，便可窺見一二。

性情謙和柔順，且能屈能伸的韓信，某天正在街上行走，忽然，眼前出現了三四個地痞流氓，一副趾高氣揚的模樣，還用斜睨的眼神看著視韓信。

韓信先是一驚，隨即拱手道：「各位兄台，不知有什麼指教嗎？」

其中一位撇著嘴，大笑幾聲後說道：「我們哥兒們是有點事要找你，只是不知道你辦不辦得到？」

韓信平靜地說：「蒙各位抬愛，不知道是什麼事呢？」

看見韓信如此必恭必敬，那些人全部大笑起來，帶頭的那人說：「什麼抬不抬愛？不爲什麼，我們聽說你成天背著寶劍在街上閒晃，今天我們特地來見識見識，看你到底有多大的能耐？」

韓信一聽，心想：「看來是故意要爲難我的囉！」

他陪著笑說：「各位，我想是有人信口誤傳，我哪裡有什麼能耐，又怎能與你們幾位英雄相提並論呢？」

那群人輕蔑地望著韓信，聽他如此謙卑，竟然更不讓他離開。

突然，帶頭的人將劍了抽出來，往韓信的面前一扔說：「看你還算老實，今天我們不動手，你要是有膽識的話，就用這把劍來砍我的腦袋，要不然嘛……你就乖乖地從我的胯下鑽過去，哈哈哈……」

韓信望望地上的劍，又看了看前面仰頭而立的地痞頭頭，輕輕地皺了皺眉，而在旁邊圍觀的人這時也開始議論紛紛，還鼓譟喊叫著：「韓信，快用那把劍宰了這個狂妄的傢伙。」

然而，韓信卻咬了咬牙，緩緩彎身下去，接著便出乎衆人意料之外，從那人的胯下爬了過去。

衆人看見這個景象，無不驚愕，連那群流氓也吃驚不已，而韓信爬完後，便立即起身，拍一拍身上的塵土，便頭也不回地離開了。

俗語說得好，大丈夫能屈能伸。

試想當時，如果韓信當時火冒三丈，並趁著怒氣殺死了那個流氓，接下來必定會有一場惡戰，勝負難以預料。就算韓信能夠全身而退，也難逃殺人罪名，勢必得面對官府的緝捕！

在鬥毆這種小事上獲得勝利，只會替韓信惹來其他對立或仇恨的災禍，這種表面上的勝利又有什麼意義？

所以，一個人若想成大器，切莫用情緒來處理小事或一些無謂的紛爭，要能忍人所不能忍者，因爲能如此，便能輕鬆地處理一些繁瑣小事，讓重要的大事能早一步得見成功！

厚黑智典

要判斷一個人，與其根據他的言詞，不如根據他的行動。因為，言詞漂亮但行動卻令人不敢恭維的人到處可見。

——克勞狄斯

形象包裝的魔力使你事事順利

形象包裝是助你攀登雪峰的十字鎬，載你遠航的船隻，使你成功的密碼，當你遇到挫折時，應當謹記：「社交的魅力是一種魔力！」

現代社會越來越複雜，相對的，人與人之間的「社交關係」也越來越繁複；但若能透過形象包裝將社交關係運用得當，自己的人脈也會比以往擴大許多。因此，形象包裝已經成爲現代社會中每個希望自我提高、自我發展的人必修的課程。

據美國著名社會學家亞當斯．金所著的《社交階層與運氣》一書中所說：「對懂得形象包裝的人而言，社交是一種潛在於個人基本素質中的魔力，能夠把死沉、呆板的事情變得充滿生機，能夠把繁複困難的事情變得通達順暢，更重要的是能把毫無生氣的人推向功成名就的高峰。」

假如人生是一座雪峰，那麼形象包裝就是助你攀登的十字鎬；假如人生是一條河流，那麼形象包裝就是載你遠航的船隻；假如人生是一本厚書，那麼形象包裝就是使你成功的密碼。

不管你是什麼人，都應當學會形象包裝，亞當斯．金說，從自己身邊無數個成功的事實可以告訴人們一句箴言：「社交能力是人們走向成功階梯的法寶，形象包裝則能使人們魅力無限並創造驚人的價值。」

人的魅力與價值均顯示在社交能力上，而形象包裝就是社交能力的展示。

要記住，形象包裝是助你攀登雪峰的十字鎬、載你遠航的船隻，使你成功的密碼，當你遇到挫折時，應當謹記：「社交的魅力是一種魔力！」

社交是一個廣義的概念，凡是人與人的交往、聯繫都包含在社交的範圍內。無論是和朋友、上司、下屬、同學、同事、同鄉等，還是與各行各業的人往來，都存在如何正確又有效地互動的問題，而形象就是社交關係是否良好的關鍵。

形象包裝在現代生活中，已越來越佔重要的地位。自然經濟條件下的人們，或許可以在雞犬相聞、老死不相往來的田園生活中自力更生，但是，在經濟迅速發展的現代社會，很難想像誰能不和外人產生關聯，而獨立且幸福地生活下去。

商品需要形象包裝、企業需形象包裝，活在商業社會中，做人做事更需要形象包裝。

厚黑智典

一個人能起什麼作用，就會給自己招來什麼樣的敵人。如果你想要處處受人歡迎，那麼，你只好當個世俗庸人。

——王爾德

懂得交際，處處充滿機遇

聰明人會抓住每一次機遇，更聰明的人會不斷地創造新機遇。只要你塑造良好的形象，你就會發現身邊處處充滿機遇。

任何社交關係都不應是盲目的，應當在社交的過程中捕捉到成功的條件和因素，因此，成功的領導者總是在社交與機遇之間尋找必然的聯繫。

人生最大的憾事是與機遇擦身而過，結果卻一無所獲；人生最幸運又驚喜的是機遇迎面撲來，並使你財運亨通。

美國機遇學大師卡爾．彼特曾經在他的著作中這麼說：「掌控機遇等於掌控命運，摸到機遇等於摸到金子。只是，機遇並不是明明白白地展現在你面前，它需要你用智慧去尋找、破解。」

確實，機遇給我們帶來的難題是：神秘而不解，偶然而難測，所以機遇爲我們帶來了成功，也爲我們帶來了艱辛。

英國管理學家威廉·查理斯曾經說過：「世界上至少有四種東西你永遠都不能挽回——說出的話、射出的箭、消逝的時間和錯過的機遇。」

機遇像幾個孤獨的亮點，閃爍在每個人的生命中，指著一條通往成功的捷徑。但它的光芒總是一閃而逝，在你還沒有看清它的所在位置之前，它又再度消失在黑暗中。因此，總有許多人歎息自己雖然已經竭盡全力，卻因爲未能及時抓住機遇，結果仍一事無成。

如果只會嘆息，你永遠都抓不住那一閃而逝的機遇，也永遠都找不到成功的機會與時機。但若能打破自我封閉的心境，瞪大雙眼、握緊雙拳，隨時準備捕捉可能出現的機遇，就能更快、更好地實現你的人生目標，並在這個競爭日趨激烈的社會裡，創造出一片屬於自己的天空。

事實上，捕捉機遇的招數不是什麼神奇秘笈，關鍵就在是否懂得透過形象包裝，將自身的社交活動與機遇聯繫在一起。

社交的重要意義，就是要在人際往來的動態過程中獲得機遇、創造機遇。只要你塑造良好的形象，走出門戶、接近人群、結交大眾的過程中，你就會發現身邊處處充滿機遇，也就會減少你走投無路的痛苦。

聰明人會抓住每一次機遇，更聰明的人會不斷地創造新機遇。

請記住：錯過機遇是最大的失誤，了解機遇是最大的智慧，抓住機遇是最大的成功，實現機遇是最大的快樂。

厚黑智典

讓漂亮的衣服和漂亮的家具嚇倒，這種毛病在我們每一個人身上，未免太常見到了。

——狄更斯

做好社區關係，企業才會受益

只要企業有心要為鄉里服務、有心要與民眾溝通以解決問題，相信社區民眾也會以支持回報企業，企業的發展也將更蓬勃。

美國俄亥俄州某家陶器工廠在一夜之間被大火吞滅，而且該廠沒有保任何意外險，看來似乎註定要從俄亥俄州永遠消失了。

然而，就在失火的第二天清晨，竟出現了頗爲壯觀動人的場面，工廠的員工、鎮上的家庭主婦、茶館酒店的老闆、小商販以及教師……等等，都不約而同地聚集到廢墟上，清掃殘磚碎瓦。

短短的幾個月裡，大家有錢的出錢、有力的出力，竟在廢墟上又重新蓋起一座二萬平方公尺的新廠房，陶器廠很快就恢復生產了。

這家陶器工廠爲何有如此好的「人緣」呢？原因就在於它建立了良好的企業形象，該廠的廠長長期以來十分重視工廠與社區的互動，和社區民眾培養了良好的關係，那場大火正好證明了企業形象的重要性。

任何一家企業周圍必會有其他社會團體、社會單位和居民，組成一個相對獨立的生活共同體。企業周圍的社會團體、社會單位和居民是企業的社區公眾，企業與它的社區公眾間所產生的關係就叫作企業的社區關係。

社區關係又叫區域關係、環境關係或鄰里關係，對任何社會組織來說，良好的社區關係對組織的穩定發展是至關重要的。

對企業來說，良好的社區關係更爲重要，因爲企業的生產經營活動能否順利進行，都直接依賴周遭社區的各種社會服務和交通運輸、水電供應、治安保衛、消防保險等；企業的員工及員工家庭的日常生活也大量依賴社區內的商店、醫院、學校、托兒所……等。

如果企業領導者未將社區關係經營好，企業每天生活在鄰居的責罵聲中，那麼可想而知，這種情況必定會影響到企業的發展。因此，不管企業規模多大、水準多高，領導者也要花心思將社區關係處理好，建立「好鄰居」的形象，不然，就難逃類似下面那間工廠的命運。

有家座落在離城市五公里郊區的電石廠，在正常情況下，每年的利潤可達二百萬元，是當地的重點企業。但是有一年秋冬，氣候出現了異常的變化，該區的樹木及牲畜死亡率增高，特別是公路兩旁的白楊樹都嚴重枯死。

當地群眾議論紛紛，認爲這和電石廠排放的廢氣有關，於是不斷向廠方抗議，希望工廠能盡快改善。

面對抗議的群眾，廠方束手無策，只好求助地方政府出面解決，但地方政府並沒有及時採取任何調解措施。當地居民盛怒之下，阻斷了通往工廠的唯一一條大道，致使工廠所需要的原料和生產的產品無法運送，最後，工廠只得關門停產。

由這個例子可知，社區關係對企業的生存有多麼重大的影響力。

良好社區關係的基本前提，就是企業不能把自己的發展壯大建立在社區的損害上，企業應努力維護社區的生活環境。正如美國公共關係學家羅伯特．L．狄恩達在《公共關係手冊》中所說的那樣：「公共關係是從社區關係開始的，而且社區關係是公共關係中一個專門且重要的部分，值得特別考慮、計劃……良好的社區關係將使公司受益無窮。」

那麼，企業要怎樣才能建立良好的社區關係呢？關鍵是要做好兩項工作：一是努力為社區民眾服務，二是加強與社區民眾間的溝通。

只要企業有心要為鄉里服務，有心要與民眾溝通以解決問題，相信社區民眾也會以善意的支持回報企業，並且在企業和社區相輔相成之下，社區必會更繁榮，企業的發展也將更蓬勃。

厚黑智典

有一些推心置腹時所說的秘密，日後有被知己用來作為武器的危險。

——羅曼羅蘭

透過協商鞏固自己的領導形象

透過協調商討、交換意見為自己樹立權威和形象的方法，不僅在軍事方面能發揮作用，在各行各業中，也可以靈活變通地加以運用。

領導者想要把各種力量協調好，以產生最大的合力，平時就要有很好的交際能力和協調能力，這點不管是領導企業、政府、軍隊……等等都是一樣的，因此，不妨借鏡以下的成功經驗。

艾森豪將軍是二次世界大戰後期一位德高望重的軍事首領，曾經領導數百萬的英、法、美盟軍打擊希特勒囂張的氣焰。

當時，艾森豪手下更有無數高級軍官，其中包含了許多極具個性的人才，如英國的先遣部隊總指揮巴特軍官，還有法國的陸軍作戰隊隊長蒙特萊軍官，都是屬於很有個性的軍官，這些軍官的戰績都相當輝煌。艾森豪將軍擔任盟軍總司令，雖然具有指揮全軍的巨大權力，但是這些下屬都是來自不同國家的高級將領，領導他們時必須十分小心謹慎，避免產生內鬨。

在第一次世界大戰時，當時同盟國成員之一的法國有一位叫做奇斯的將軍，所率領的法國遠征軍，被指定由英國著名的將軍福爾特指揮。

在一次損失慘重的戰役之後，由於每個部隊的損失都很大，爲重振旗鼓、加強統領力度，福爾特決定重新編整軍隊成員，於是要求奇斯的法國部隊分散插入英軍之中，以彌補受損後的英軍實力。

對於這個決定，奇斯思索再三，認爲這有損法國軍隊的尊嚴及形象，最終拒絕。這個決定也得到其他法國軍官以及士兵們的支持，甚至連英軍的總帥威思特也贊成他的意見和做法。

最後，奇斯還是保持了法國遠征軍的完整性，而這支被譽爲「神奇前鋒」的堅強隊伍也不負衆望，展現出他們驚人的力量和讓人滿意、佩服、讚歎的軍隊素質，總是在戰爭中出色地完成任務。

這個第一次世界大戰中的例子使艾森豪將軍明白，他雖然暫時具有領導盟軍的權力，但盟軍除了美國的軍隊之外，也包括英國、法國……等國家的軍隊，各國之所以聯合起來，就是要粉碎法西斯主義的侵略野心。在這種情況下，各國軍方首領就應該共同商討、同心合力，以打敗盟軍共同的敵人納粹德國。因此，艾森豪將軍不得不小心謹慎地領導盟軍。

不過，雖然艾森豪將軍是一名德高望重的高級將領，但是自己並沒有實際親自上戰場作戰過的經驗。

第一次世界大戰時，他還只是個負責訓練後備士兵的下級軍官，那時的法國戰場十分需要軍隊增援，於是他訓練的士兵幾乎都被派到法國。其實，他自己也很想參加戰鬥，可是沒有機會，因爲他必須負責培訓更多的後備士兵，所以一直待在美國軍事訓練基地裡。

在二戰時，他已是數百萬盟軍的統帥，能夠成功地領導聯軍，領導策略就在於他運用了商討、協調等溝通技術。那時，他所領導的盟軍，美國本國的軍隊人數最多，位居第二的就是英國軍隊。於是，他就積極與英國的高級軍官們商討、籠絡人心、取得支持，以便順利地作戰。

另外，艾森豪把盟軍副統帥的位置以及許多高級職務委由英籍的軍官擔任，如他的副統帥就是一位英藉的陸軍司令官，且盟軍最高的海軍指揮官也是由英國籍的一位年輕軍官擔任。艾森豪將軍就是利用多商量、討論，並以一定條件做協調基礎來實現他的領導力。

這種透過協調商討、交換意見爲自己樹立權威和形象的方法，不僅在軍事方面能發揮作用，在其他各行各業中，也可以靈活變通地加以有效運用。

厚黑智典

隨便哪個傻瓜都會講真話，而要把謊話說得巧妙，可得要有點聰明。

——勃特勒

輯 10.

善用「公關」打造良好形象

公關語言除了要優美生動，
還必須傾注真摯而充沛的感情。
只有心中裝滿誠摯的感情，
說出來的話語才可能感動人心。

說「不」也要維護對方顏面

在拒絕別人請求時，態度一定要謹慎、真誠，使對方了解你的苦衷。一次成功的拒絕，可能會為將來的重新握手播下希望的種子。

在商場的人際交往中，爲人所求時，說「不」還需要多花點心思、多用點技巧，既要達到拒絕的目的又不能傷了和氣。

若是處理得不好，讓對方覺得你是在刻意刁難他，或是損及對方自尊，那彼此間的交情也就斷送了。

一般而言，在拒絕別人的請求時，有以下幾點要多加注意：

一、顧及對方的自尊，為對方留下台階

人都是有自尊心的，一個人有求於人時，往往都帶著惴惴不安的心理。在這種情況下，如果一開始就向對方說「不行」，勢必會強烈傷害對方的自尊心，使對方不安的心理急劇增加，甚至因此引發強烈的反感，從而產生不良的後果。

因此，不宜在一開口時就宜說「不行」，應該尊重對方的願望，先說些關心、同情的話，然後再說明實際情況，說明自己無法接受請求的理由，並表達自己無能爲力的歉意。

由於事先說了那些讓人聽了產生共鳴的話，對方才會相信你所陳述的情況是眞實的，相信你的拒絕是出於無奈，心理上會較接受自己被拒絕的情況。

在拒絕別人時，不但要先考慮對方可能產生的反應，還要注意措辭。例如，你拒聘某人時，如果悉數羅列缺點，會十分傷害對方的自尊心。應該先稱讚他的優點，然後再指出缺點，說明對方不適任的原因，如此對方自會心服口服，甚至感激你指出他需要改進的地方。

二、降低對方對你的期望

大凡對你有所請求的人，都是相信你能解決這個問題，對你抱有很高的期望。一般而言，對你的期望越高，越是難以拒絕。

所以在拒絕請求時，倘若多講自己的長處或過分誇耀自己，等於是在無意中提高了對方的期望，也加大了拒絕的難度。相反的，如果適當地說一說自己的短處，就會降低對方的期望，會較易於拒絕對方。

此外，若能抓住適當的機會多講別人的長處，就能自然地轉移求助目標。這樣不僅可以達到拒絕的目的，而且會使被拒絕者得到了一個更好的求助對象，由此產生的愉快、欣慰心情，將能取代被拒絕時產生的失望與煩惱。

三、儘量使拒絕的話語溫柔和緩

要拒絕對方時，可以連連說出場面話，使對方產生「可能被拒絕」的預感，讓他的心中有所準備。

若是在談判中拒絕對方，一定要講究策略。婉轉地拒絕，對方會心服口服；如果生硬地拒絕，對方則會心生不滿，甚至懷恨在心或仇視你。

因此，拒絕對方時，儘量不要傷害對方的自尊心，要讓對方明白你的拒絕是出於不得已，自己也感到很抱歉、很遺憾。

四、讓對方明白自己的處境

一般而言，一個人有事求別人幫忙時，總是只希望別人能滿足自己的需求，但往往不考慮自己給他人帶來的麻煩和風險。

因此，若能實事求是地說明利害關係和可能產生的不良後果，把對方也拉進來，共同承擔失敗的風險，讓對方設身處地去判斷現實情況。這樣會使提出要求的人望而止步，放棄自己的要求。

此外，在拒絕別人的要求時，若將鐵一樣的事實擺在對方眼前，那無論怎樣堅持自己意見的人，也不能不放棄自己的要求。

五、儘量使自己爭取主動，站在有利的位置上

不管怎麼說，拒絕別人的要求時，自己總是處在被動的位置上。因爲很難預料

是誰、在什麼時候、會提出什麼要求，而且對方的要求一經提出，又得當面答覆。

不過，有些情況下，登門謝絕就可以使對方產生感恩心理，爭取到一點主動權。

登門謝絕有三個好處，首先，自己以登門拜訪的熱情溫暖對方的心，因此對方被拒絕了也不至於感到傷心難過。

其次，既已表示願意爲對方效微薄之力，但又肯不辭辛勞地登門拒絕，可見拒絕是出於力不從心，從而能得到對方的理解。

最後，登門拒絕能使自己由被動轉爲主動，以求助的方式請求對方接受拒絕，不會傷害對方的感情。特別是長輩對自己提出的請求，如不能接受，採取登門謝絕的做法是再好不過的了。

六、態度一定要真誠

拒絕總是令人不快。「委婉」的目的無非是爲了減輕雙方，特別是對方的心理負擔，並非玩弄「技巧」來捉弄對方。

特別是領導者、長輩拒絕下級、晚輩的要求時，不能盛氣凌人，要以同情的態度、關切的口吻講述理由，使對方心服。

總而言之，在拒絕別人請求時，態度一定要謹慎、眞誠，使對方了解你有不得已的苦衷。請謹記，一次成功的拒絕，可能會爲將來的重新握手、更深層次的交流播下希望的種子。

厚黑智典

談話永遠應當是旁敲側擊的，而不應直來直往，使自己的思想無退避的餘地。

——柯爾比

贏得下屬的信賴

對屬下的充分信賴要以充分瞭解為前提，因為盲目的信賴只會誤事，瞭解下屬有何長處、有何短處，才能指派他們適當的任務。

如果贏得屬下的信賴，你的工作也就如魚得水、遊刃有餘。反之，若領導者得不到屬下的信賴、和屬下的關係惡劣，那工作也將寸步難行。只是，領導者要怎樣才能贏得屬下的信賴呢？這大致上分爲兩個方向：

• 信賴屬下

能信賴屬下的領導者是最成熟、最理想的領導者。

這種類型的領導人在處理與下屬的關係時，總是將重點放在「充分信賴」上，喜歡用「知心」而認眞的口吻對屬下分配任務，並充分相信屬下的意志、品德、能力足以完成自己交代的任務。

對屬下的充分信賴要以充分瞭解爲前提，因爲盲目的信賴只會誤事，瞭解下屬有何長處、有何短處，才能充分信賴他們，進而指派他們適當的任務。

另外，信賴屬下還表現在對他們的意見不能輕易流露懷疑或不耐煩的情緒；在制定計劃以及執行、檢查等管理過程中，應儘量讓屬下參與這些活動，如此能讓他們感受到自己是被上司器重的。

除此之外，經常找下屬「隨便聊聊」能縮短彼此間的距離，解除其戒備心理。

●讓下屬信賴

有人把「在工作中遇到好上司」視爲人生最大樂事，這種看法不無道理。

要建立「好上司」的形象，最重要的是要能讓屬下「信得過」，讓屬下放心地跟著他的腳步前進，這就要求領導者做到工作上職責清楚、賞罰分明。「大事」拿得起、放得下，能明快遞做出決定；「小事」則能放手交給下屬去辦，信得過屬下的能力，不會胡亂插手、干涉。

「好上司」要能夠在關鍵時刻及時拉部屬一把。在下屬犯了嚴重的錯誤時，能盡力予以協助和彌補，而不是冷漠對待，甚至落井下石；當屬下遇到好事時，能全力相助、成人之美。「好上司」對於能力突出的屬下應善加保護，防止其餘人專打「出頭鳥」的打壓，為屬下創造良好的工作環境。

想要成為「好上司」，對於屬下所犯的「合理錯誤」，以及一些小過失，應該寬容相待，不必加以細究。「好上司」應當在屬下因為某些客觀原因而遭遇失敗時，敢於為他承擔責任，絕不可不分青紅皂白地將責任全推到屬下身上，這樣屬下才會有安全感，也才願意全心、全力地努力。

總之，能贏得屬下的信賴，才是位精明的領導者，才能領導整個組織。

厚黑智典

太過迎合別人，就會失去自己。因此，不要害怕拒絕別人，如果你可以想出冠冕堂皇的理由的話。

——高爾基

用自我介紹拓展社交

自我介紹中採用自嘲的方式，更能於詼諧幽默的自我揶揄之中，流露出一些自信和自得之意，既能增強語言的幽默性，又不流於自誇。

自我介紹是進行社交的一把鑰匙，是拓展人際關係的第一步，唯有踏出了這一步，才有辦法進行之後的人際交往。好的自我介紹，會在他人心目中留下良好的第一印象，有利於開展之後的交談與往來。

那麼，要怎麼做才能成功地進行自我介紹呢？如果你尚未掌握要訣，可參考以下三點，它能幫你順利進行自我介紹：

一、克服羞怯

從心理層面看來，人們初次相見時，彼此都有一種想要瞭解對方的願望，也都有一種渴望得到尊重的心理。

如果在這個時候，能及時準確、簡要地做出自我介紹，使對方渴望瞭解的願望得到滿足，就是一種對他人的尊重。接著，對方也會因此向你做自我介紹，雙方相互認識後，就能順利展開之後的談話。

相反的，要是見面後羞答答、遮遮掩掩地不願「亮相」，老半天還無法自我介紹，就會使對方感到失望。

特別是當對方已經猜出你是誰、來幹什麼之後，還不及時地做自我介紹，場面就更加難堪了。

二、注意繁簡

自我介紹是人們進行交際活動的一種手段。由於交際目的、需求不同，自我介紹的繁簡程度也應有所區別。

一般來說，以工作爲目的的自我介紹，宜簡單扼要，只要講明姓名、身分、目的與要求即可。

以交友爲目的的自我介紹就要比較詳細，不僅要講明姓名、身分、目的、要求，還要介紹自己的經歷、學歷、資歷、性格、特長、能力、興趣等等。爲了取得對方的信任，有時還得講一些具體事例佐證。

三、掌握分寸

自我介紹不僅僅是對自己基本情況的客觀陳述，也包含著對自己所做所爲的自我評價。哪怕是最簡單的自我介紹，其中也少不了自我評價的部分。自我評價既不能過高，也不能過低，關鍵在於掌握好分寸。

但是，怎樣才能掌握好分寸呢？

一般而言，應該符合以下三點。

1.自識：要對自己做出準確的評價，就非要有自知之明不可。正確地對待別人的讚譽，也嚴格地剖析自己的短處，如此才能得出正確、符合事實的結論，做出令人信任的自我評價。

2. 自謙：在做自我評價時，應適當地留有餘地，一般不宜用「很」、「最」、「極」、「第一」等極端的詞語。

3. 自嘲：自我嘲諷、自我戲謔包含自解和自慰的意思。自我介紹中採用自嘲的方式，更能於詼諧幽默的自我揶揄之中，流露出一些自信和自得之意，既能增強語言的幽默性，又不流於自誇。

在人際交往中，將自我介紹以自我解嘲的方式表達出來，不僅可以體現出豁達大度的大心胸，也會讓人心生好感，進而對你產生認同。

例如，著名戲曲作家魏明倫個子不高，常常被人戲稱「袖珍漢子」，但他對此從不回避，反而常在公開場合中，以自我調侃的方式介紹自己：「我比拿破崙的個子矮，但與魯迅相當。因此反覆衡量後，自覺沒力氣玩槍，但有條件摸筆，於是就以文字維生了。」

魏明倫這種自我介紹方式，既贏得了別人的好感與尊敬，又在不經意間向人展示了自己樂觀、豁達的生活態度。由此可見，自我嘲諷的自介方式，反而會比一般的介紹方式，更能贏得人心。

厚黑智典

人不會裝糊塗，就不懂得如何生活，裝糊塗既是盾，可以刀槍不入，又是利劍，什麼盾也擋不住。

——阿雷蒂諾

善用「公關」打造良好形象

公關語言除了要優美生動，還必須傾注真摯而充沛的感情。只有心中裝滿誠摯的感情，說出來的話語才可能感動人心。

所謂「公關」，就是指與形形色色的人打交道。最重要的，就是要透過種種方式、手段，加強自己在公眾面前的良好形象，因此，「公關技巧」可說是每位領導人不得不研究的一項學問。

一般而言，公關語言的藝術性主要體現在以下六個方面：

一、幽默的力量

幽默是一種藝術，可以用來增進自己與他人、組織和公眾之間的關係。使人從令人發窘的問題中或尷尬的時刻裡脫身，化陰暗爲光明、化干戈爲玉帛。

某位企業領導人到香港創辦新公司之時，由於他的投資行爲受到各方重視，因此一下飛機就有大批記者要採訪他。其中一位香港記者毫不客氣地問：「你這次帶了多少錢來？」

這名領導人一見發問者是位女士，便答道：「對女士不能問歲數，對男士不能問錢數。小姐，妳說對嗎？」

一句話即迴避了問題，又具有幽默感。比起支支吾吾地掩飾，或是擺起架子、板起臉孔地拒絕回答問題，這種善用幽默的回答方式不知強了多少倍。

二、豐富的辭彙

語言要運用準確生動、富有表現力的辭彙，這樣可以激發公眾的熱情、喚起公眾的想像，並得到公眾的信賴。

因此，必須掌握大量的辭彙，善於運用同義詞、近義詞的轉換，能嫻熟地運用專業詞語、成語、俗話。這樣到了需要運用詞彙時，信手拈來、隨意脫口而出，就能增加語言的風采。

三、形象的修辭

公關人員還必須熟練地掌握和運用各種修辭手法，以增強語言的具體概念。貼切的比喻能啓發別人的聯想與想像，適宜的設問、反問能引起他人的好奇心；流暢的排比能激發公衆的熱情，適時的反覆和強調能加深他人印象，產生更好的效應。若能善用種種修辭，就能使大衆對你所要傳達的內容印象深刻。

四、變化的句式

爲了加強表達效果，還須注意句式的變化。

在公關活動中，可用單句，也可用複句；可用陳述句，也可用感歎句；可長短句交錯，也可倒裝、前置。句法參差不同，才能加強語句的強度與活潑性。

五、和諧的節奏

說話時，要注意音量、音質、音色，若是頻率過高，會使聲音刺耳，惹人不快；若是頻率過低，會令人沉悶欲睡。

說話語調要有抑揚頓挫、高低起伏，才能吸引聽者的注意力與興趣。

六、真摯的感情

公關語言除了要優美生動，還必須傾注真摯而充沛的感情。有口話說：「只有在心中裝滿了蜜，口中的言語才會甜。」以此類推，只有當心中裝滿誠摯的感情，說出來的話語才可能感動人心。

公關語言除了具有以上特點之外，由於多半帶有一定的目的性，因此必須遵循以下這五項原則：

一、通俗易懂原則

公關詞語首先要讓人聽得懂，因此忌用一些冷僻、晦澀的詞語，否則會造成溝通和交流上的障礙。

明朝人趙南星寫的《笑贊》裡有這麼一則故事。

一秀才買柴時說：「荷薪者過來。」賣柴者因「過來」二字明白了秀才的話，就把柴擔挑到他面前。

秀才又問：「其價如何？」賣柴者因明白「價」這個字，於是說了價錢。

但秀才又說：「外實而內虛，煙多而焰少，請換之。」

賣柴者不知秀才在說什麼，便挑擔而去。

這則笑話中的買賣過程，也可看作是公共關係中的口語交往過程，因選用的詞語不通俗，對方聽不懂，所以這些話語無法達到溝通的效果。

二、典雅原則

公關話語要通俗易懂，但並非是要用俚俗、粗鄙的詞語。

公關人員的談吐和言語格調會直接影響他所代表的組織形象，因此應選用典雅的詞語，以給對方良好的印象。比如，「有空再來看看」就不是適當的公關語言，應該說「有機會的話，歡迎再次光臨」。

三、詞語色彩中性化原則

在公共關係交際中，一般應採用不強調褒貶的中性詞語，以縮短自身與公衆間的心理距離，好達到溝通的目的。比如宣傳產品時，既不應貶低其他廠商的同類產品，也不能「老王賣瓜」地自賣自誇，否則會引起公衆的反感。

四、恰如其分原則

說公關話語時，要把握好遣詞用句的分寸，不要過分，防止語意走向極端。例如，適度的讚美可使對方愉悅，但過分了，只會適得其反。

厚黑智典

人的好壞似乎不像棋盤那樣黑白分明，即使最糟糕的人也有他們可以利用的地方。

——毛姆

誠心的邀請才能成功

發出邀請是拓展人際關係的第一步，唯有對方接受了邀請，彼此之後才有機會合作。因此發出邀請時，一定要謹慎注意。

請人吃飯是商場上人際交往中的一種禮貌性行爲，在這項活動中，發出邀請是第一個步驟，恰當的邀請可以爲交際的順利和成功奠定下基礎。

爲此，發出邀請時應該注意以下三點：

一、選擇合適的對象

確定邀請對象是首先應該解決的問題，至於邀請對象的選擇，必須根據交際的目的而定。就一般情況而言，下棋應請棋友，打球當請球友，喬遷、婚喪喜慶則請親朋故舊，至於開業剪綵就該請有利於工作展開、業務往來、便於協調社區關係及從事傳播工作的客人。

主要邀請的對象要是能爲自己帶來幫助的人，另外也需要請一些其他朋友作陪。如果遇到這種情況，就應當精心安排，根據交際的性質、需要，以及宴會規模的大小等，遵循「先主要後次要」、「先親近後疏遠」的原則，來劃定邀請範圍，依次確定邀請名單。

此外，還要考慮邀請對象的學識、年齡、地位、性格的差異和他們相互間的關係，以防破壞邀請對象間的關係，也爲自己的交際帶來不便和麻煩。

二、採取恰當的方式

採取何種方式邀請，要具體提問、具體分析，根據交際的性質、對象而定。例如，學者專家或企業領導人等，大多工作繁忙，所以要邀請他們一定要提前告知，以便他們做好工作調整並安排時間。

若是要邀請某團體的要人，應該公開邀請，甚至借助傳播媒介傳遞訊息，這樣既能體現自己公正無私、光明磊落的態度，又利於引起關注、促進宣傳、擴大影響。相反的，朋友間的密談則應悄悄進行，如此有利於避開旁人好奇的視線，保證活動的隱蔽性。

若是邀請一般的親友，那打通電話、捎個口信通知就可以了，但對方若是工作上的合作夥伴或客戶，就必須採用相應的公文格式，如發書信、寄請柬等，甚至親自登門拜訪，以示重視和尊重。

總而言之，邀請賓客的方式要因事而異，因人而異。

三、注意「行」、「明」、「便」、「誠」四大原則

1.「行」即邀請的可行性。

比如某人開了一家餐館，開幕剪綵時非要請市長親臨以作宣傳，但是市長工作繁忙請不到，所以開幕日期一拖再拖，白白浪費了時間。因此，邀請要量力而爲，既不強人所難，也不爲所不能爲。

2.「明」就是明確、明白。

發出邀請前，自己一定要確定宴會的時間、地點、活動內容、邀請對象等，以便心中有數，好做邀請。還需將上述事項向邀請對象說清楚，以便對方安排行程，準時赴約。

3.「便」就是盡可能地爲邀請對象著想。

如王老闆想請張教授幫他解決一個難題，但張教授因年事已高、行動不便，原本打算拒絕出席。沒想到王老闆竟派了專車接送、專人護理，使張教授極爲感動，因而改變了主意，決定應邀出席。

這樣予人方便，自己也方便，既利人又利己。

4.「誠」就是眞誠相約，不能虛情假意，更不可違約、失信。

有人曾邀請幾位朋友到家中做客，朋友信以爲眞，誰知他只是隨口說說而已，讓朋友吃了閉門羹。這種失禮行爲使朋友非常氣憤，事隔多年後，朋友對此仍耿耿於懷、忿忿不平。這種沒有誠意的邀請，既耍弄了別人，自己也失去了朋友，可說是誤人誤己。

發出邀請是拓展人際關係的第一步，唯有對方接受了邀請，彼此之後才有機會合作。因此，發出邀請時，一定要謹慎注意，多加考慮對方的身分、時間、性格與各種相關狀況，如此才有利於使對方接受自己所發出的邀請。

厚黑智典

人是理智的動物，但是，當他必須聽從理智行動時，卻總是莫名其妙地大發脾氣。

——王爾德

送禮方法得當，給人好印象

送禮時，最忌諱的就是強調自己花了多少錢才買到這項禮品。如此，會令對方因不好意思而推拒禮物，也讓對方認為你是在刻意討好他。

禮送得好、方法得當，不論對方或自己都會十分滿意；送得不好、觸了對方霉頭，只是損害彼此間的感情。所以，只有巧妙掌握送禮的技巧，才能爲整個送禮過程畫下一個漂亮的句號。

送禮者最頭疼的事，莫過於對方不願接受、嚴辭拒絕或婉言推卻這份禮，這都令送禮者十分尷尬。

那麼，怎樣才能使對方一定會收下禮物呢？

成功的關鍵便是送禮的藉口找得好不好，送禮的說詞圓不圓滑。以下就介紹幾個送禮辦法以供參考：

• 借花獻佛

如果要送的禮物是某地特產，可以說是老家寄來的，想分一些給對方嚐嚐。由於東西不多，這禮物也不是花大錢特意買的，因此，收禮者多半不會因不好意思而推拒，會收下你送的禮物。

• 暗渡陳倉

如果禮品是酒之類的東西，不妨假借說是別人送你兩瓶酒，想和對方小酌，再請他準備點菜。

這樣禮送了，彼此的關係也拉近了，可謂一舉兩得。

• 借馬引路

有時你想送禮給人，但對方與你沒什麼交情，因而不好冒昧送禮。若是這種情況，那不妨選在對方生日那天，邀幾位熟人一同去送禮祝賀，那樣收禮者便不好拒絕。借助大家的力量來達到送禮的目的實爲上策。

•先說是借

假如是要送些錢財物品給家境困難的人，不宜直接說明目的，因爲有時他們的自尊心很強，不肯輕易接受幫助。所以，你若送的是物品，不妨說這東西放在家裡也沒用，所以先借他用，日後自己有需要再還就好；如果送的是錢，可以要對方先拿去花，等以後有錢了再還。

如此一來，收禮者會覺得你不是在施捨，而是充滿了誠意，多半會樂於接受，這樣送禮的目的就達到了。

•借雞生蛋

一個員工平日受上司照顧頗多，一直想回報但苦無機會。直到有一天，他偶然發現上司家的紅木鏡框中鑲著的字畫竟是一幅拓片，跟屋裡雅致的陳設不太協調。

正好，他叔父是小有名氣的書法家，自己手上又有叔父贈予的字畫，他馬上把字畫拿來，主動放到鏡框裡。

結果，上司不但沒推拒他的贈禮，反而非常喜愛。這麼一來，那名員工想送禮回報的目的就達到了。

・借路搭橋

有時，送禮不一定要自己掏錢去買然後大包小包地送給對方，在某種情況下，順水人情也是一種禮物。

比如，若你能透過一些管道買到批發價、優惠價的東西，那當你爲朋友、同事買了這些東西後，他們在拿到東西的同時，已將你這份「人情」當作禮物收下了。結果你未花分文，只不過用了點關係，但收到的效果卻與送禮一樣，收禮者因自己也付了錢，所以收東西時自然心安理得、毫無顧慮。

不論是採用何種送禮方式，送禮時，最忌諱的就是強調自己花了多少錢、費了多少心思才買到這項禮品。

如此，會令對方因不好意思而推拒禮物，也讓對方認為你是在刻意討好、賄賂他，他不但不會對你有好印象，對你的評價反而會大打折扣。在餽贈禮物時，不可不特別注意這項送禮禁忌。

厚黑智典

朝廷上的偉人，都恪守著兩條準則：始終不露聲色和永不守信。

——斯威夫特

你是別人眼中「失禮」的傢伙嗎？

給人良好的第一印象是非常重要的，有的人由於欠缺禮貌與涵養，以致於無法把握與人交流的方式，無形中失去了許多成功的機會，實在是相當可惜的事。

想要在關鍵時刻獲得別人的助力，平時就要有禮貌。

禮貌是形之於外的表現，禮節則是發自內心的風度。一個人在做人做事、應對進退之時，除了表現得中規中矩、風度翩翩之外，還必須擁有一顆體貼的心，才不至於給人不自然或虛僞的印象。

體貼就是站在對方的立場著想，不增添他的困擾。

唯有輕易不打擾別人，彼此才能擁有和諧的人際關係。在人際互動中，必然要與想法不同、嗜好不同的人打交道，沒有適度的行爲規範，就會像一群想要互相親近的刺蝟，在親近對方的同時，自己和對方都受到刺傷。

常有人說道：「那個人沒有禮貌」或「那個人不懂禮節」，所謂禮節，並不只是外表文質彬彬、謙恭有禮，而是在與人相處的過程中，不使別人不愉快、不增添別人麻煩，對別人體貼關懷。

表達禮貌的方式，會因國家、地區、種族、習慣而有所不同，但無論如何，禮節就是對人充滿著體貼的心情，只要凡事替對方著想，不論身在哪個國家、遭遇到什麼人都行得通。

體貼，是禮節的最基本原則。

譬如說，吸煙有害身體健康，對不吸煙的人而言，更忍受不了煙霧之苦。因此，即使是在可以吸煙的地方談事，如果你想吸煙的話，也應該先向周圍的人打聲招呼：「對不起！」或詢問：「可以吸煙嗎？」

又譬如，參加隆重的宴會或出席正式場合時，如果你穿著邋遢的衣服，一定會使周圍的人感到不悅。

或許你會說：「我就是這樣，我高興怎麼穿就怎麼穿，有什麼不可以？」

問題是，在這種場合就是不可以隨便，如果你不喜歡穿著正式的服飾，就乾脆不要出席。

有時候，即使你非常用心要當一個有禮貌的人，但是如果不懂得體貼的形式或方法，就無法將心意傳送給對方，彼此的心靈也就無法相通。

給人良好的第一印象是非常重要的，有的人由於欠缺禮貌與涵養，以致於無法把握與人交流的方式，無形中失去了許多成功的機會，實在是相當可惜的事。

厚黑智典

相知有素的朋友，應該用鋼圈箍在你的靈魂上，可是，不要對每個泛泛的新知濫施你的交情。

——莎士比亞

在辦公室裡應該怎樣「說話」？

談話既不可一副趾高氣揚的模樣，也不要過於親密，更不要用教訓的口氣滔滔不絕地說個不停，應該保持和藹有禮的態度。

辦公室裡的人際關係錯綜複雜。對上班族來說，懂得應該怎樣應對進退，是建立良好人際關係的第一大要素。

辦公室裡的談話方式也是一門藝術。

首先，對年長的同事應當謙虛、服從。年長的人生活經驗豐富，有很多值得年輕人學習的長處，但有時會過於保守謹慎。因此，與這些人交談時，即使你有不同看法，也不可採取不屑的態度，或口出狂言，應該給他們起碼的尊重。

如果在辦公室裡你是前輩，那麼，和年輕的同事談話時更應該拿捏分寸，保持穩重的態度。因爲年輕人容易衝動，又缺乏工作經驗，因此切記不要隨意附和，降低自己的身份。如果彼此有不同意見，只需讓他們知道自己的看法就行了，不必和他們激烈爭論，辯得臉紅脖子粗。

此外，要想獲得年輕人的尊重，絕不可以信口開河、誇大其詞，一旦被他們發現，自然而然的，對你的尊重和信任也將消失。

有些人一和地位高的人談話，自卑感就會顯露出來，使原本清晰的思路變得模糊混亂，講話支支吾吾。也有些人和職位高的人說話時大言不慚，而且滿臉不屑，缺乏最起碼的禮節與尊重。這些都是錯誤的。

與職位比自己高的同事說話，不管他是不是你的頂頭上司，都應當保持適度的禮貌，一則他的地位高於你，保持禮貌對你日後的工作會有所助益，若能從談話中知道一點公司的內幕，更將使你從中獲得某種機遇。再者，他必定有某些能力、知識、經驗、智慧值得你學習，尊重他也是應該的。

當然，尊重職位比你高的人，並非得做一隻應聲蟲不可，那樣的話，他會認爲你是一個唯唯諾諾、毫無主見的人，對你留下一個難成大器的印象。

與職位高的人談話，應該以他的談話爲主題，多聽話、少插言，並做到集中精神。自己講話時儘量不偏離主題，同時保持輕鬆自然的態度，坦白爽朗地說出自己的想法。

與地位低的同事談話也要掌握分寸，既不可一副趾高氣揚的模樣，也不要過於親密，更不要用教訓的口氣滔滔不絕地說個不停。應該保持和藹有禮的態度，對於他的工作成績加以肯定和讚美。

厚黑智典

何謂友誼？酒後輕易的烈焰，說人壞話的自由會談，閒來無事和虛榮心的交換，或者就是遮羞的情面。

——普希金

輯 11.

說話的魅力
決定交際是否順利

展現良好風度、良好態度，

就是展現說話魅力與建立自我形象的保證。

要努力做到這些，才能成為一個成功的說話者

說話的魅力決定交際是否順利

展現良好風度、良好態度，就是展現說話魅力與建立自我形象的保證。要努力做到這些，才能成為一個成功的說話者。

一個人是否具有說話的魅力，會直接影響到他是否對對方具有吸引力，也關係到他是否具有良好的人際關係，同時，還影響到他能否在與別人說話時表現出自信。所以，每個人在訓練自己的社交能力時，一定要增強自己說話的魅力。

構成說話魅力的因素是十分廣泛的。每個人說話的內容、說話時的遣詞用句、構篇佈局的材料、手段，說話的語氣、語調，說話的姿態、手勢、表情……等等，都可以決定他是否具有說話的魅力。

德國戲劇家萊辛說：「風度是美的特殊再現形式。」

所謂風度，是指美好的舉止、姿態及表情等，說話的風度，則是指透過言語表現出一個人的內在氣質，是一個人涵養的外化。

使自己具有說話的風度，是增強自己說話魅力的重要途徑，因爲良好的說話風度往往具有強大的吸引力。無論是男士談話中剛毅穩健的氣質，還是女子談話中風姿綽約的魅力；不論是外交官彬彬有禮的談吐，還是政治家穩重雄健的言論，都會令人仰慕不已、無比傾心。

風度正是外在語言和內在氣質間的配合。首先，風度是品格和教養的體現，如果一個人沒有一定的文化修養、沒有優雅的個性，說話內容必然是低俗不雅。

其次，風度是性格特徵的表現，例如性格溫柔寬容、沉靜多思的人，往往是輕聲細語，而粗獷豪邁、性情耿直的人，通常說話是開門見山、直來直往。

此外，風度也是一個人涵養的表現，主要表現在處理人際關係時，展現不卑不

六、雍容大度的風範。

另外，同樣一個人，在不同場合、不同環境下，說話的風度也會有所不同，例如，領導者在公司分配協調工作，與在家裡跟家人閒聊時，所表現的風度必然相差甚遠。

在日常的談話、判斷或演講中，我們可能會遇到這種情況，同樣的話，這個人說我們就很願意接受，但換成另一個人說時，我們不但不願接受，而且還會產生反感，爲何會出現這兩種截然不同的結果呢？

這其實牽涉到一個人說話的態度，而說話態度又是說話者風度的直接展現。

我們說話的目的，當然是爲了把自己的意思告訴他人，讓他人明白、瞭解、信服或同情我們。如果說了話別人沒什麼反應，甚至不相信或產生反感，這就沒有意義了，說了還不如不說。

那麼，怎樣才能訓練出能使人信服的口才呢？

這就要求說話者既要瞭解自己又要瞭解對方，並努力從談話中培養出相互瞭解與同情的氣氛，進而讓對方認同自己所說的話。

事實上，在談話過程中，無論說什麼都無關緊要，最重要的是他的態度。如果態度不好，那就算是再好的話題雙方也無法順利進行下去。

那麼，究竟怎樣才是良好的說話態度呢？那就是要對人有正確的瞭解和充分的同情，這兩點是良好說話態度的基礎；然而，如何把我們對人的瞭解與同情讓對方感受到呢？這正是良好說話態度的關鍵之處。

如果我們不注意，那麼即使我們是很有同情心的人，若不能讓對方感覺到這一點，那也會被他人認爲是冷漠、驕傲、自私的。

因此，我們要注意一下在別人的心目中，我們究竟是什麼樣子，並要了解對方究竟希望我們怎樣表現，才能感受到我們對他的理解與同情。

那麼，在日常生活中，或是與一般朋友的交際場合中，交談的對象會希望我們有怎樣的具體表現呢？

首先，別人希望我們對他的態度是友好的，希望我們願意和他做朋友；別人希望我們能體諒他的困難，原諒他的過失。別人還希望我們能夠適時關心他們，能幫助他們，能思考他們的問題，並且對他們提供有用的建議，與他們成爲友好的、忠實的、熱心的朋友。

其次，別人希望我們對他本人和他所做、所講的事情感興趣。每個人都有這個希望，包括我們自己也是。

一般人容易被有興趣的人物、有興趣的話題吸引，卻忽略不太吸引人的人物，可是，如果我們想當一個成功的說話者就不該如此，應該要學會顧及全體，並且特別照顧那些不被人注意的人。

談話時，要顧及在場所有的人，雙眼要隨時在每個人的臉上停留片刻，對於那些不太講話、看似不太自在的人，要特別關注、要設法找些話題與他們交談，以便解除他緊張不安的心情。

說話時展現良好風度、良好的態度，就是展現說話魅力與建立自我形象的保證。

若是別人希望我們對他所講的東西感興趣，並希望我們的態度是友善、良好的，那我們就要努力做到這些，才能成爲一個成功的說話者，也才能使對方了解、信服我們所說的話，讓互動更加順利。

厚黑智典

常常有這樣的人，當他不想去做自己應該做的事，就會用漂亮的言詞加以掩飾。

——克普魯斯卡雅

用學習塑造自己的領導魅力

指導屬下時，與其擺出一副不可一世的架子，倒不如以謙虛的態度對待屬下，如此就能在屬下心中留下良好的形象。

領導者的形象和魅力不是與生俱來的，而是不斷累積得來的。就像羅馬不是一天造成的，領導者的形象和魅力也是如此，需要付出大量時間去學習管理的知識和技術，花費大量時間去研究部屬的希望與心思，才能得到他人的愛戴。

一個領導者要想獲得下屬的擁戴，就必須不斷學習，只有這樣，才有資格當領導者，屬下才會心服口服。反之，如果是一個平庸、無能、懶惰又不愛學習的人來當領導者，必然會被屬下厭棄，當然也無法統帥整個組織。

學習型的領導者不僅要向其他領導者學習，同時也要向屬下學習，做到不恥下問。每個人都有「教導他人的本能」，但許多上司在指導屬下或要求屬下時，常常採取輕視屬下的態度，在這種情況下，屬下容易懷著反抗的心理而充耳不聞。因此，就上級而言，在指導屬下時，與其擺出一副不可一世的架子，倒不如以謙虛的態度對待屬下，向屬下主動學習，如此就能在屬下心中留下良好的形象，部屬也會比較願意服從上級的指令。

除此之外，若是領導者能以謙虛、和善的態度對待屬下，屬下自動學習的意願和責任感也就會大爲增加。互動過程中，他們會認爲：「上司如此看重我們，我們更應該做好自己的工作！」

上司的職責雖是指導屬下工作，但倘若凡事都要上司指導，屬下凡事都受命於上司，那會使雙方均感到疲憊不堪。因此，有時不妨轉由屬下來指導上司，這種做法對於提高屬下的學習意願有極好的效果。

況且，每個屬下必然有優於別人的一面，如果能了解每位屬下的優點，領導者就可利用機會向他們請教，使他們感到愉悅。

這樣一來，對方自然就會因爲高興而津津樂道，即使下屬本身並沒有該方面充分的專業知識，也會竭盡所能地指導你。

如果屬下無法給予圓滿的答覆，你也不必過於在意。因爲重點在於雖然你身爲上司，但仍不恥下問、求教於屬下，如此不僅顯示出你虛懷若谷，同時也會在屬下心中留下良好的印象，進而願意接受你的領導。

此外，屬下在指導上司時，即使無法圓滿完成任務，也可以從中親身體驗到教導他人的困難所在，由此即可使他們了解到學習的重要性，進而養成主動學習的好習慣，形成良性的互動機制，爲領導者和屬下開創雙贏的局面。

厚黑智典

心地卑下的人根本不懂什麼是感謝。對一個不知好歹的人，是不能指望什麼的。

——格拉寧

尊重自己的品味，也尊重別人的視覺

上班族的穿著哲學在於尊重自己的品味，也尊重別人的視覺感受，只有得體的外在裝扮才能讓自己在職場生涯獲得應有的評價。

得體、適宜地打扮自己，是建立良好印象的第一步，當別人對你留下良好的第一印象時，無論以後你做任何事，都會有事半功倍的神奇效果。

俗話說：「人要衣裝，佛要金裝」，由此我們不難得知，穿著打扮對一個人的形象有非常大的影響。

穿著可以產生加分效果，也可能使自己的形象大打折扣，因爲，在這個世界上，絕大多數人都試圖透過一個人的衣著，看穿他的內心世界。

從這個觀點而言，衣著本身就是一種相當有力的武器，因此，在你進入新環境工作之初，如果想快速和別人打成一片，便可以透過細心的穿著打扮，塑造出自己想要表達的氣質、性格與品味。

一個外表骯髒邋遢，對穿著缺乏品味的人，或許可以自詡爲是不修邊幅的名士，但絕對會換來嗤之以鼻的回應，根本無法在職場中有所發展，而且必然在無情的競爭中處於下風。

因此，如果你想要在職場生涯有所作爲，從現在起就細心注意自己的衣著，不要一副寒酸的「上班奴」模樣，也不要當個標新立異的小丑。

其實，所謂有品味的穿著，並不是當一個盲目追逐時尚的世俗庸人，也不是非得全身上下都穿戴名牌，而是要懂得在什麼場合穿什麼衣服。

在職場工作，男性應該準備幾套讓自己看起來體面的西裝，顏色別太花俏，應該讓自己看起來成熟穩重，顯現出幹練權威。襯衫方面，可選白色或淺藍色這種大衆認同的安全顏色，因爲這兩種顏色不管搭配什麼顏色的西裝都相當合適，不會讓人感到突兀、不協調。至於服裝的質料，不一定要特別講究，只要能達到整潔、筆挺的效果就可以了。

在髮型方面，男性的頭髮一定要經常修剪，保持整齊清潔，不要有頭皮屑，更不要長髮披肩或是剪其他怪模怪樣的前衛髮型。因爲，適當的髮型可以給人留下幹練、莊重的印象。

至於臉部，除非有特殊的保養需要，不然不要刻意化妝，更不要使用女性化妝品，一副娘娘腔的模樣。

脂粉味濃厚的男人會給人不成熟、不可靠的印象，說不定還會被誤認爲是「同志」，讓不認同的人敬而遠之。

洗臉時特別要注意清除眼角、鼻窩、耳根、脖頸……等等容易留下污垢的地方，眼屎、耳屎和鼻涕、鼻毛一定要徹底處理乾淨。

至於女性的衣著，當然可以比男士色彩豐富一些，或花樣多一點，但是必須注意，應該以端莊優雅爲原則，不可過於冶艷花俏，因爲過於冶艷花俏極易被視爲花瓶型或交際型的人物，使得自己的內涵受到漠視。

特別要留意的一點是，女性上班族穿著打扮不能過分性感暴露，否則容易令辦公室的異性同事想入非非，爲自己帶來許多不必要的麻煩。

上班族的穿著哲學在於尊重自己的品味，也尊重別人的視覺感受，只有得體的外在裝扮才能讓自己在職場生涯獲得應有的評價。

厚黑智典

在生命中沒有任何一個年齡或時間，也沒有任何立場或情況，能讓人永遠維持成功。任何年齡都是朝成功努力的開始。

——傑洛大主教

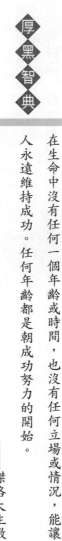

小動作就能使人際關係更順暢

禮貌的舉止不僅表示你是一個有禮貌的人，更能讓他人留下良好的印象，進而在人際交往中如魚得水、順暢自如。

當幾個人坐在餐桌旁準備用餐時，你卻手拿筷子敲打碗盤或茶杯；主人尚未示意開飯，自己就已經狼吞虎嚥；不等喜歡的菜餚轉到自己面前，就伸長手臂跨過很遠的距離去夾菜；喝湯時「咕嚕咕嚕」，吃菜時「叭嘰叭嘰」作響，別人用餐尚未結束，自己就已拼命打飽嗝……等等，這些現象也許代表一個人不拘小節，但是對同桌的其他人卻顯得非常不禮貌，他人也會對你留下粗野的印象。

那麼，怎樣的吃相才算優雅、合乎禮節呢？

首先，入座之後可以一面做好用餐的準備，一面與同桌的人隨意進行交談，營造和諧融洽的用餐氣氛。

不要旁若無人、兀然獨坐，也不要眼睛緊盯著餐桌上的冷菜之類，顯出一副迫不及待的樣子，或者下意識地玩弄餐具、發出聲響。

其次，應注意只有當主人示意開飯時，客人方可開始用餐；用餐的動作要文雅，挾菜時不要碰到鄰座的客人，也不要把盤裡的菜餚撥到桌上，更不能打翻盤碗。

另外，在筷子的使用上也有一些忌諱：一忌敲筷子，即在使用筷子時要輕，不要發出大聲響。二忌插筷子，即不論在何種情況下，都不能把筷子插在菜上或飯碗裡。三忌揮筷子，在夾菜時不能把筷子在盤裡翻來攪去，也不能讓兩個人的筷子在碗中發生交叉。四忌舞筷子，也就是在說話時不能把筷子當作道具在空中亂揮，或是用筷子指著別人。

當然，交際時應注意的禮儀還遠不止上面那些，下面再舉幾例並稍作說明。

- 不要當眾搔癢

大家都知道搔癢的舉止不雅。搔癢的原因通常是由於皮膚發癢而引起的，其中有些屬於病理的原因，例如體質過敏、皮膚發疹等等，有些屬於生理的原因，如老年人因皮脂分泌減少、皮膚乾燥，也容易發癢。

出現這類情況時，當事者要按所處的場合來決定該如何反應，如果處在極嚴肅的場合，就應稍加忍耐。如果實在忍無可忍，只好離席到比較隱蔽的地方搔一下，然後趕緊回來。

至於有些人愛搔癢純粹是出於習慣，只要一稍停下就不斷用手在身上東抓西撓，這就是不好的習慣，應儘量克服。

●要防止發自體內的各種聲響

生活經驗告訴我們，任何人對發自別人體內的聲響都不太歡迎，甚至還很討厭，諸如咳嗽、噴嚏、哈欠、打嗝、放屁……等等。

當然，這些聲響有的只在人們生病或身體不適時才有，出現這種情況時，正確的做法可用手帕掩住口鼻以減輕聲響，並在打過噴嚏後向坐在近處的人說聲「對不起」以表示歉意。

但是，有些聲響卻是由於習慣所造成，主要是因本人不重視、不關心別人的感受所致。例如有些人在大庭廣衆之下，還不斷打哈欠或是連連放屁，竟然也不覺不好意思，像這樣就是很不好的習慣了，應當注意、改正才是。

●不要將煙蒂到處亂丟

許多人都反對抽煙，除了煙害之外，與不少抽煙者缺乏公德心不無關係。有些吸煙者往往不注意吸煙對別人所造成的不便，不瞭解不吸煙者除了討厭煙味外，隨風吹散的煙灰也使人感到不舒服，而且有時帶有餘燼的煙蒂還容易引起火災，這些都使不吸煙者有一種抵制吸煙者的情緒。

吸煙者隨意丟棄煙蒂，將它們丟在地上用腳踩滅，或隨手在牆上甚至窗台上將煙蒂捻熄等，都是很令人討厭的行爲。

對這些細節，吸煙者一定要避免。

以上幾項是應該禁止或儘量避免的行爲舉止。

除此之外，有些特定的舉止已被用作表示禮貌、增進感情、擴大交流的意思，不但被賦予特定的意義，若是正確掌握和使用這些舉止也可以顯示出一個人的教養。下面擇些重要的舉止做點簡單的介紹：

• 握手

握手多用於見面致意或彼此問候之時，同時也是辭別時的禮儀。另外，握手還是一種表示感謝或相互鼓勵的舉止，例如贈送禮品或頒發獎品後，都可以用握手來表示祝賀、感激或鼓勵之意。

• 點頭

這是不便握手，與別人打招呼時所使用的禮貌舉止。通常多用於迎送的場合，尤其是在迎送者有許多人時，點點頭就可以同時向許多人致意，以表示對彼此見面的喜悅或對離別的惆悵。

• 舉手

這也是與別人打招呼的禮貌舉止，通常用於和對方遠距離相遇或倉促擦身而過的時候。它的用意在於表示自己認出了對方，但是因爲時間緊迫，或因外在條件限制而無法停下行禮或與對方交談。

適時的舉手、揮手，可以消除對方以爲你視而不見的誤會。

• 起立

這是位卑者向位尊者表示敬意的禮貌舉止，現常用於集會時對報告人到場或重要來賓蒞臨時的致敬。

平時，坐著的年輕人看到年長者進來，或在送他們離去時，也可以用短暫的起立來表示自己的敬意。

• 欠身彎腰

欠身或彎腰都是向別人表示自謙的禮貌舉止，也代表向對方致敬，它與鞠躬的差別只在尊敬程度上的不同而已。鞠躬要低頭，而欠身或彎腰僅僅是身體稍向前傾，但不一定要低頭，兩眼仍可直視對方。

• 鼓掌

這是表示讚許或向別人祝賀的禮貌舉止，通常用在聽完別人演講，看完別人的表演、演奏之後，以掌聲表示自己的讚賞或欽佩。鼓掌一般要出聲，但也可以不出聲而僅僅做出鼓掌的樣子，不過應當讓對方直接看到。

• 抱拳

這是身份相仿者之間相互致意的禮貌舉止，它是由古代文人們在見面或告辭時，互相長揖的動作演變而來的。由於它簡便易行，所以目前仍有不少人使用。

• 擁抱

這是表示親密感情的禮貌舉止，通常僅用親密的人之間。有時，有前嫌的雙方在誤會消除時，也常用擁抱來表達一些難以用語言說明的複雜感情。但這種舉止在使用上會比較慎重，不大輕易使用。

表示禮貌的舉止當然不只以上這些，這裡提及的是比較常見的幾種。

這些禮儀舉止沒有哪一種是我們任何一個人無法做到的，只要在日常生活中多注意一些，這些舉止所包含的各種意義、感情就能清楚地傳送出去了，能夠恰當使用的話，不僅表示你是一個有禮貌的人，更能讓他人留下良好的印象，進而在人際交往中如魚得水、順暢自如。

厚黑智典

即使是最溫順的綿羊，有時也會露出尖利的牙齒咬人，而且咬得比狼還要深。

——萊蒙特

別當故作姿態的「賢人」

與其「欲迎還拒」的惺惺作態，倒不如心口如一，明白表示自己意欲何為，這還讓人覺得真誠些。

這個世界上的事說起來非常奇妙，有時也充滿矛盾。例如，當一個人非常想要某件事物的時候，他可能嘴巴會說「不要」；當一個人很不想要某件事物的時候，有時卻不得不說「我要」。

人心就是這樣難測，有的時候要什麼、不要什麼，連自己也摸不清楚！

古代的明君帝堯到了老年的時候，很想爲自己找一個賢明的接班人。

有一天，一個從陽城來的地方官員來探望堯，堯把自己的擔憂告訴了他，那個官員對他說：「陽城有一個叫許由的人，上通天文，下曉地理，在陽城鄰近一帶，聲名十分響亮，老百姓都說他是個大賢人。臣覺得他是一個很合適的人選，不知您意下如何？」

於是，第二天，堯親自動身去了陽城，好不容易找到了許由。可是，許由一聽堯的來意，堅決不同意，堯沒有辦法，只好先回去，準備第二天再來。

沒想到，第二天堯到達的時候，屋子裡已經空無一人，原來許由已經連夜搬走了。堯很無奈，又派人四處打聽，好不容易才弄清楚原來許由搬到箕山下的潁水邊去了。

堯知道許由不願意治理天下，又派遣人去請他出任九州長。許由一聽來者的意思，便露出很討厭的樣子，趕忙摀著耳朵跑到潁水邊，用水拼命洗耳朵，還一邊說著：「差點弄髒了我的耳朵！太危險了！」

正好他的朋友巢父牽了一頭牛，到潁水邊來飲水。他看見許由在那裡拼命洗耳朵，心裡很奇怪，就問許由：「許由，你爲什麼不停地洗耳朵啊？你的耳朵出了什麼毛病？」

許由回答說：「巢父啊！我的耳朵倒沒有什麼毛病，但是差點被弄髒了，所以我得洗洗。」

巢父更加奇怪，又問道：「誰差點弄髒了你的耳朵啊？」

許由將事情的原委說給巢父聽，巢父聽了，卻不屑地撇撇嘴說：「我看你還是省省吧！如果你眞的存心想過一點安安靜靜的日子，就應該住在不爲世人所知的深山野林裡。沒有人知道你，當然就不會有人來找你。像你這樣整天東晃晃、西逛逛，到處留名，故意弄得全天下的人都知道你，把你當作聖賢，現在卻又假惺惺地跑來洗耳朵，我看還是不要弄髒了潁水，弄髒了牛的嘴巴吧！」說完，也不管牛還沒喝水，便牽著牛走了。

許由聽了巢父的話，呆了半天，然後長嘆一聲說：「巢父說得對啊！看來我的修行還不到家。」於是，許由從此不再見世人，一個人躲在深山野林裡潛心攻讀，再也沒有出來過。

堯找不到許由，讓位之事只好作罷，後來才又找到更有才能的舜，讓他代替自己掌管天下。

像許由這樣的人，恐怕在我們的社會上還爲數不少，尤其東方文化中對於「主動要求」、「推薦自己」這種性格的評價並不如西方社會高，因此一些「欲迎還拒」的惺惺作態，更是層出不窮了。

仔細想想，或許我們會認爲因爲是身不由己或是時勢所逼，才會有這樣的作爲；但與其如此，倒不如心口如一，明白表示自己意欲何爲，還讓人覺得眞誠些。別像許由這樣做假惺惺的「賢人」，否則到最後說不定只能騙得了自己，而旁人還在背後指指點點呢！

厚黑智典

在生活的道路上，暗藏著許許多多的蛇，行路的人們要事先想到這點，並且要選擇適合自己的安全之路。

——達文西

出色溝通，讓你更接近成功

縱觀現代社會，無論是任何領域，凡是享有盛名的成功人士，無不善於運用言語的力量，說服別人、強化自己。

貝利果說：「言語的用途，在於裝飾思想。」

這是一個群居的社會，人人來自不同的背景，有著不同的脾氣、喜好、個性，自然而然，對很多事情的看法都存在著差異。

如此情況下，如何與人建立共識？如何「裝飾」自己的思想，讓它們更順利地爲他人接受，甚至肯定？

毫無疑問，這考驗著每個人的溝通能力。

什麼是溝通？簡單地說，就是爲人處事的方法和技巧。

成功大師戴爾·卡耐基認爲，人際關係的確立是取得成功的重要因素，並曾指出：一個人事業的成功，只有十五%是由於他的專業知能，另外的八十五%取決於自身的人際關係、處事技巧好壞。

曾任美國總統的雷根，被譽爲「偉大溝通者」，絕非浪得虛名。漫長的政治生涯中，他深切地體會到溝通的重要性，因此於總統任期內，始終保持著閱讀來信的習慣，每天都會要求自己閱讀重要信件，然後再一一回覆。

由此可見，溝通已經成爲人際交流的一項重要手段，在人與人的交往互動中產生著至關重要的作用。少了溝通，等於迷失了通往成功殿堂的路徑，更缺少得到關愛的機會，自然也難以與他人建立起天長地久的穩固友誼，家庭生活就難以維持和諧。在競爭激烈的商業社會，「會溝通，好辦事」的道理，已逐漸爲人們重視。

日常生活中，溝通兩字經常從人們口中出現，可是，眞正要做到靈活巧妙運用，談何容易？

當然，良好溝通並非「不可能任務」，只要掌握住正確方法和技巧，就有機會將人際關係與事業經營好，左右逢源、無往不利。

隨著經濟的迅速發展，人們生活水準日益提高，在廣泛的交際活動中，相對平等的概念越來越清晰，要求尊重他人的地位、尊嚴、人格，因此對溝通技巧的拿捏不可不慎。

縱觀現代社會，無論是政界、商場，或其他任何領域，凡是享有盛名的成功人士，無不善於運用言語的力量，說服別人、強化自己。

溝通，已成為人際交往必須借重的重要手段。

想要成功，你不能不與人溝通。

厚黑智典

很多人在人際網路迷失了方向或猶豫不前，其實只要把焦點放在別人的需求上，並且奉行速度及借力使力兩大原則就可以了。

——弗瑞德．史密斯

理由充分就能說服別人

人與人之間的交流，很多時候說的都是「是什麼」，如果你能恰如其分地表達出「為什麼」，就會給人耳目一新的感覺，別人也會更願意聽取你的建議。

凡事在執行之前都需要理由，理由是否充分，將直接關係到事情的結果。當你準備做某件事或者說服他人的時候，一定要事先考慮周全，以免把事情搞得一團糟。充足的理由會讓你的想法順利過關。

大陸電影〈周恩來〉中，鄧穎超的扮演者是從未上過鏡頭的湖南畫家鄭小娟，儘管她初次登上大銀幕，但是塑造出來的人物形象光彩照人，留給觀眾十分深刻的印象。

但是，一開始時她其實並不願意參加演出，而是經過丈夫用充足的理由說服之後才接了戲，最後還取得了不錯的效果。

在一次偶然的機會，鄭小娟被導演看中了。當導演邀她拍片時，她以身體不好爲理由一口謝絕，而且拒絕得斬釘截鐵，沒有商量的餘地。

後來，影片籌備工作就緒，眼看就要開拍了，但「鄧穎超」卻仍然找不到合適的人選，導演非常著急，無奈之下，只好再次親自登門拜訪鄭小娟。

這天恰好鄭小娟的丈夫姜先生一個人在家，聽了導演的來意，一口幫鄭小娟答應出演鄧穎超一角。鄭小娟回到家之後，瞭解了事情的經過，十分不高興，不住地埋怨丈夫，不經她的同意便自作主張。

姜先生笑著說：「我代妳答應演出鄧穎超是經過充分考慮的，雖然妳從來沒有拍過戲，但藝術的規律是相通的，妳不用爲了不懂表演藝術而擔心，只要用心去學就不會有困難。其次，這對妳的事業很有幫助，妳想在美術方面有所發展，也應該從表演藝術中汲取養分。此外，趁著拍電影。妳可以和更多藝術界的人接觸，拓展社交領域。」

丈夫充足的理由和曉之以理、動之以情的一席話終於打動了她的心，於是她拋棄了顧慮，鼓起勇氣，欣然走進《周恩來》劇組，並且一舉成名。

姜先生勸鄭小娟參加演出之時，並沒有用長篇大論的艱澀道理，只是用簡單充分的理由，就輕鬆地說服成功。

由此可見，在說服人的時候，無論多麼口才便給，都要以恰當充分的理由作爲支柱。人與人之間的交涉或交流，很多時候說的都是「是什麼」，如果你能以充分的理由，恰如其分地表達出「爲什麼」，就會給人耳目一新的感覺，別人也會更願意聽取你的建議。

厚黑智典

結盟已成為人際關係的新潮流，那些只忙著在自己四周築起高牆的人，很快就會被願意攜手合作以創造更有建設性環境的對手所超越。

——史丹·拉普

拉近心理距離從讚美開始

讚美具有一種神奇的魔力，它能讓干戈化為玉帛，讓尷尬化於無形，拉近與陌生人之間的心理距離。

用誠懇的態度，熱情洋溢的話語來讚美對方，不僅能表現出自己的涵養、友善，迅速博得對方好感，還能讓對方感到自我價值受到贊同、認可。

人受到讚美的時候，會認爲自己內心深處有著與對方相通的地方，進而產生共鳴，渴望與對方拉近感情，深入交往。

印尼前總統蘇加諾是個外交好手。

有一次，他訪問中國大陸，在廣州爲他舉行的歡迎會上，對在場的年輕人說了這樣的一番話：「今天，我和大家見面，感到非常幸福，你們年輕人是民族的希望，未來的建設者，未來的主人翁。青年人是多麼幸福啊！印尼有很多神話，其中有一篇說到一棵神樹，這棵樹被稱作『願望之樹』，誰要是站到神樹的下面，說出自己的願望，那麼，他的願望就能夠立即實現。假如，現在我能夠站到這棵神樹下，來了一個神仙問我說：『喂，蘇加諾，你想要什麼？你有什麼要求？』我就會告訴他：『我希望恢復我的青春。』」

蘇加諾針對年輕的聽衆，熱情地歌頌他們擁有的寶貴青春，這些誠摯的肺腑之言，一方面激起了聽衆的自豪，另一方面使聽衆認爲這個演講者和藹可親、值得信任，拉近了感情也增進了友誼。

在某些特定的場合，對陌生人直接加以讚美會顯得矯揉造作、有失妥當。與其如此，不妨稱讚與對方密切相關的其他事物，藉此表達自己對於對方眼光獨到、經營有方的欣賞，這將會讓對方倍感自豪，興致大發，如此便能拉近與陌生人之間的心理距離。

讚美具有一種神奇的魔力，它能讓干戈化爲玉帛，讓尷尬化於無形，讓陌生走向友誼。

厚黑智典

不要相信以德報怨之類的傻話，敵人是絕對不會變成朋友的，就像仇人是絕對不會變成情人。

——尤里．留利柯夫

智謀經典
54

做人多用心，做事更順心

作　　者　左逢源
社　　長　陳維都
藝術總監　黃聖文
編輯總監　王郡凌
出 版 者　普天出版家族有限公司
新北市汐止區忠二街 6 巷 15 號
TEL / (02) 26435033 (代表號)
FAX / (02) 26486465
E-mail：asia.books@msa.hinet.net
http://www.popu.com.tw/
郵政劃撥 19091443 陳維都帳戶
總 經 銷　旭昇圖書有限公司
新北市中和區中山路二段 352 號 2F
TEL / (02) 22451480 (代表號)
FAX / (02) 22451479
E-mail：s1686688@ms31.hinet.net
法律顧問　西華律師事務所・黃憲男律師
電腦排版　巨新電腦排版有限公司
印製裝訂　久裕印刷事業有限公司
出 版 日　2022 (民 111) 年 7 月第 1 版
ISBN◉978-986-389-830-6　　條碼 9789863898306

國家圖書館出版品預行編目資料

做人多用心，做事更順心／
左逢源著.—第 1 版.—：新北市,普天出版
民 111.7 面；公分. - (智謀經典；54)
ISBN◉978-986-389-830-6 (平裝)